"全学习"课程改革与育人模式
创新实践研究成果

大夏书系·教师专业发展

做个
自驱型教师

李志欣 / 著

华东师范大学出版社
全国百佳图书出版单位
·上海·

图书在版编目（CIP）数据

做个自驱型教师 / 李志欣著. —上海：华东师范大学出版社，2022
ISBN 978-7-5760-2769-3

Ⅰ.①做… Ⅱ.①李… Ⅲ.①教师—继续教育—研究—中国 Ⅳ.① G451.2

中国版本图书馆 CIP 数据核字（2022）第 053002 号

大夏书系·教师专业发展

做个自驱型教师

著　　者	李志欣
责任编辑	卢风保
责任校对	杨　坤
封面设计	奇文云海·设计顾问

出版发行	华东师范大学出版社
社　　址	上海市中山北路 3663 号　邮编　200062
网　　址	www.ecnupress.com.cn
电　　话	021-60821666　行政传真　021-62572105
客服电话	021-62865537
邮购电话	021-62869887　地址　上海市中山北路 3663 号华东师范大学校内先锋路口
网　　店	http://hdsdcbs.tmall.com

印 刷 者	北京密兴印刷有限公司
开　　本	700×1000　16 开
插　　页	1
印　　张	12.5
字　　数	180 千字
版　　次	2022 年 7 月第一版
印　　次	2023 年 9 月第四次
印　　数	11 101—13 100
书　　号	ISBN 978-7-5760-2769-3
定　　价	52.00 元

出 版 人　王　焰

（如发现本版图书有印订质量问题，请寄回本社市场部调换或电话 021-62865537 联系）

目录
Contents

序一 有一种教育幸福叫大师做伴 1
序二 教育写作的馈赠 7

第一辑 主动研究读懂学生

○ 学生需要老师的真实发现 3
○ 让善在宽容中绽放 10
○ 教育学生不能仅靠"告诉" 15
○ 花钱买不来好习惯 20
○ 别再仅靠"听话"来教育孩子了 23
○ 批评也能变得如此优美 25
○ 破解家庭作业的迷思,追求专业减负的自觉 29

第二辑　钻研教学驾驭课堂

- 越来越多的童年　37
- "全学习"课堂：让教学变得更智慧　44
- 课堂教学新样态："思维品质"课堂　51
- 教学智慧生成发自原本　59
- 一场疫情催生的作业教学改革　67
- 坚持走访教师的课堂共享才能　72
- 探索新型的课堂纪律管理方式　77

第三辑　自主发展提升自我

- 我是一棵翅碱蓬　85
- 开拓"自专业"成长空间　93
- 享受自己的"暗时间"　99
- 做一名心灵自由的教师　103
- 出发，是为了寻找自己　108
- 自觉养成深度阅读的习惯　113
- 培植自己的成长远见　116

第四辑　打破僵局自我突围

- 教师权益需要自我救赎　*123*
- 教师内心的安定是最强大的吸引力　*126*
- 教师可以超越庸常生活吗　*129*
- 教学主张是教师的专业生长点　*132*
- 走向自我认同与完整　*139*
- 做一名教育成果的采摘者　*142*
- 用沉默来完善自我成长的可能　*147*

第五辑　追逐理想体验幸福

- 追求自己未来更动人的风景　*153*
- 唤醒教师愿意成长的心　*157*
- 学会整理自己的教育思想与人格　*160*
- 向内的善好人生　*163*
- 开垦一处学习的沃野，让人的心灵奔放　*166*
- 帮扶他人实现自我生命的价值飞跃　*172*
- 享受成果带给自己的幸福　*176*

后记　从容地品尝生命自主成长的味道　*181*

序一 有一种教育幸福叫大师做伴

说着说着,一位年轻女教师突然哭了。

她长相清纯、风华正茂,从北京一所985高校毕业,就职于四线城市的一所学校,已两年。

这事发生在爱加倍优秀青年教师孵化器的培训现场。因为新冠疫情,2020年的孵化是在线上进行的。讲员是史金霞老师,她娓娓道来,讲的正是自己的成长之路:从极普通的地方中学起步,以书本上的大师为师,不断蜕变,成为名师,挺进苏州,转战网上……

年轻女教师互动时却哭了,哭得很伤心:因亲情之缘故回故乡任教。几天前,欢送一位教数学几十年的同事光荣退休,一下子,她好像看见了自己接下来的整个人生。

张力极大的场面:一个中年人活力四射,一个年轻人却暮气早来。为什么?

再换一个场景。也是在2020年,夏季,一波新冠疫情刚刚消停些,从抗疫前线回来的医护人员在静静休息,报考医学专业的学生却意外地明显回升。清华医学院、协和医学院的报考人数比上年增加了近30%,临床医学成为大热门。为什么?疫情期间的钟南山院士、张文宏大夫,光彩太耀眼了。

任何一个行业和人群,当杰出人物、英雄和大师横空出世时,人们的幸福感就会爆棚。大师级人物的人性越真实,专业水准越经得起考验与质疑,这个行业的幸福感就越能持久。

教育行业尤其是中小学教师这个行业，没有公共卫生与防疫那种立竿见影的快速效果，但是大师级人物的存在，同样给教育行业带来幸福感。这种幸福感，是人生境遇、物质待遇和生活条件所不能替代的。

身处当下的中国教育界，遇到真正的大师会是什么感觉？在哲学博士、天津师范大学教师邓军海所译的C·S·路易斯的《人之废》（华东师范大学出版社2015年版）末尾有篇《答谢》，选两段，作为例证。

"真是难以想象，人到中年之时，还能邂逅C·S·路易斯。阅读路易斯，我的体验与友人杨伯类似：'路易斯教我用一种全新的目光看我自己。他的世界之外，我是完整的，至少是稳定的。我熟练地走着我的路，努力取悦同路人，清风拂面，还会熏熏然赞叹一下自己这个好人。走进路易斯的世界，还是原来的我，完整、稳定、熟练的一切瞬间凌乱……"

"2013年12月28日，杨伯有些煽情地对我说，他此生最感谢我的就是，我让他认识了路易斯。我嫌此评价太低。他反问，这还低啊？古人有言：'独学而无友，则孤陋而寡闻。'路易斯，是我们共同阅读的。"

看来，真正的大师，能够帮助教师把人生与价值建立在一个更加坚固的磐石之上。难怪，路易斯的另一部著作《四种爱》1998年后已出现了多个中文译本，而邓军海却选择重译，还推出了自己密密麻麻的注释。所以，我常常将路易斯和他的书推荐给中小学老师和家长。

异曲同工的是，当代教育名家帕克·帕尔默的《教学勇气：漫步教师心灵》一书被引进中国之后，由北京师范大学的教师发起的读书会，如一股清流，十多年来在中小学校长与老师的心灵深处流淌。在我看来，帕尔默对于教育界来说，也是一位大师级人物。2020年，这本书又出了新的中文译本。

大师是什么？是人类共同体中的高山，思想的、学术的、艺术的。大师与普通人的关系是什么？从某种意义上讲，有点像苹果手机之父乔布斯与喜欢苹果手机的人。有了苹果手机，不仅是实用，而且可以带来幸福感。在教育界也不例外，真正的大师，能够将教育带到一个可观的高度。这样的大师，教育人只要能够真正读懂，用好，就能在教育实践中有所成就，且能从中时时得到鼓励，不是也很幸福吗？

但是，中小学教师与教育思想大师的关系，又不同于苹果手机粉与乔布斯的关系。

对于绝大多数中小学校长和老师来说，如果遇到一本新书，读之酣畅淋漓、大呼过瘾，那么所遇到的不是一位大师，至多是一位写作高手。读大师之书，是另一种感觉。

本书作者李志欣校长，阅读能力很强，实践能力也很强，作为一个教育人，自我突破能力更是强。我也曾把他的书推荐给孵化器的学员。他读书甚多，出书也不少，他诚实地告诉我，《教学勇气：漫步教师心灵》一开始读不太懂，读两遍、三遍，慢慢能够读懂了。

开始读不懂，却不放弃。这是与大师相遇的见面之礼。没有这个见面礼，可能就会与大师失之交臂。这种见面礼，就是愿意承受进入深邃思想的门槛之高，也要承受一点寂寞。如若不然，你就不能与大师为伴。可不，大师早就在那儿，有的教师无法与之交流，从中找到力量与幸福感，就像那位年轻的名校毕业生。

看来，与真正的大师相伴，是一种痛苦与幸福交替出现的光景。任何一种幸福都要付出代价。不愿付出与大师相伴的思想痛苦，就只能承受思想平庸的痛苦。这就是那位年轻教师的泪水之源。

2015年开始设计和举办爱加倍优秀青年教师孵化器培训活动，我将几本名著推荐给学员一年读完，其中包括洛克的《教育漫话》。结果发现，年代越久，学员读来越吃力，洛克的《教育漫话》几乎没有几人能够啃下来。2019年，在我的鼓励下，临沂的郁友伦校长和张晓彤、金连斌、王振华等老师建立"三更灯火"读书小组，读完了这本书，还留下几万字的学习记录。我给他们作了评点，并作文《三更灯火与人类文明的薪火相传》与之回应。

看来，与年代久远的大师作心灵对话，确有困难。对于普通的中小学老师来说，如果有当代教育大师，与大师做伴就没有现在这么难。

接下来的问题就是，在中国教育领域，尤其在教师当中，如何才能产生当代的大师？

产生大师的问题尽管复杂，但是纵向的传承永远是一个前提。

孔子说他信而好古，并创办私学，开风气之先。他说自己述而不作，却借弟子之手为人类教育留下了《论语》，也留下了"有教无类""因材施教""己所不欲，勿施于人"等独到的思想。孔子痛感身处礼崩乐坏的时代，但是文化传承的环境还在。与他境遇相似的是近代大师王国维，清末民初的价值冲突，何其重撞王国维内心，以至于死，但他毕竟已成大师。

与此相比，以情境教育著称的南通名师李吉林，改革开放以来一直活跃在课堂与教学的前沿，影响中国基础教育数十年，2019告别她深爱的孩子与教育而去。细读李吉林和同代教育名师留下的作品，惋惜地发现，改革开放前那几十年痛失学习前人的美好机遇，限制了他们的思想高度。所幸的是最近40多年不断开放与改革，现在40岁到60岁的人，想看什么中外传统典籍，即使费费力气，基本能够找到。从这一点来说，信而好古并不困难，传承文明、产生大师的氛围渐渐浓起来了。

中西文化交流与碰撞，也是当代大师的成长离不开的氛围。

一代大师叶企孙，他是中国物理学的奠基人物，创办了清华大学物理系和理学院，上世纪20到40年代，20年时间将清华大学物理系从零开始建成世界一流。他走的路子就是向西方学习。新中国成立之际，他以校务会主任之职留守清华大学，带动影响一批科学家留守，有的还从海外归来，这些科学家大都是他的学生。正是由于他们在，新中国得以实现五六十年代"两弹一星"的惊人突破。

改革开放后，中国科学家又一次出现了归国潮。其中老一代有叶企孙学生辈的杨振宁，堪称当代物理学大师；中年一代有施一公、潘建伟等，分别在分子生物学、量子物理学等领域，成为有世界级影响的人物。

中国教育界也需要有与科技界比肩而立、像王国维那样的大师级人物，但是注定要产生得更晚。为什么？从上世纪50年代起，中国社会重理科轻文科的倾向，至今还没有改变。

当代出国留学的中国人中，凡学习自然科学的人，常有少年英才提前毕业、得学位、成终身教授。而在人文领域，常常有很优秀的本科学子要学足五年甚至七八年才拿到博士学位。原因是什么？科学领域的突破靠才气、机遇和努力，而人文领域的成才与突破，此外还得多坐几年的图书馆冷板凳。爱德华·希尔斯的《论传统》一书是研究传统必读之书，正是作者30年积累的心血之作。而且，成为一个人文大师，不仅要读很多好书，还不得不读一些浪得虚名的所谓名著，才能有把握、负责任地识别其中的谎言，谨慎地作出自己的判断。

教育是关于人的学问，对人性的认识是教育的起始点，也是不同教育的分野点。从这一点来说，教育比自然科学要复杂得多。从洛克到路易斯、帕克·帕尔默，对于人性都有很深的洞察。但是反观中国教育界，今天还笼罩在杜威的进步主义人性观和教育思想之下，对人性持过于乐观的态度。这妨碍中国教育界对于教育的当代挑战给出大师级有深度的回答。

人比万物都诡诈。这句话至少告诉我们一点，人性是极其复杂的。比起人在生理和心理方面的构成，人在道德与灵性方面的复杂性，认识与分析起来更加艰难。正视人性的真实命题，这是中国教育思想走向深邃和澄明的一个前提，也是出现与科技界大师比肩的大师的前提。

新冠疫情之前，全球科技界处于乐观主义的巅峰，认为科技可以解决人类永生问题！这样的话有人说，也有不少人信了！2020年，疫情之下，科技界要对付那突然出现的小小的新冠病毒，不得不在一片尴尬中暂时收起光明的高调，脚踏实地、绞尽脑汁地为新冠疫苗全力拼搏。这样的氛围，恰恰给人类提供了一个反思自身局限性的百年一遇的良机，也让跟在科技革命屁股后面唱赞歌的人文学科，重新有机会、有胆量、有空间面对真实而复杂的人性。

我们要清醒地认识到人的尊贵与人的卑微的双重属性；以此为前提，很多的教育难题可以有新的解决之道。

过于乐观的人性观，认为每个人的潜力都是无限的，这话每个人听着都很受用，其全社会整体的实践结果却是非常粗鄙的，即人们都用题海战术来开掘每个孩子无限的潜力。如果承认不同的人有天然的智力的差异，而人格天然平等，学校老师就能更安心地开展因材施教，全社会人人争上名校的教育焦虑才有了消解的起点。

正是由于成人与未成年人皆有的人性在道德上的卑微、桀骜不驯，家庭教育与学校教育中必然要有管教手段，来医治未成年人的道德缺陷。如果不承认人性卑微与不堪的一面，学校教育与家庭教育中，稍微严厉一点的管教都是对于人的冒犯。

如果承认人性在道德上的天然的缺陷有时是无法弥补的，承认教育在人的灵性成长上有所不能为，承认人的情感成长必须依赖拥有亲密关系的家庭，学校教育也就可以摘去无限责任公司这个不切实际的王冠，反而可以轻装上阵，认认真真做好自己的事情。

坦然面对真实人性，是一种去除虚假、氧气充足的成长氛围，在这里，教育可以向下扎根，向上生长。经过百年一遇的疫情的洗礼，一部分中国人有可能对人性有更深的洞察。在此基础上，教育可能更加谦卑而伟大。这是深刻的扎根，也是真实的生长，这是产生中国教育大师的氛围。有大师为旗，就像乐坛有了新的贝多芬，足坛又有了常青树一般的梅西，森林中有了一片参天大树，海洋中有了大鱼和四季鱼群，教育界的人们就会更幸福。

到那时，那位年轻教师，也许可以破涕为笑。

鹿永建
中国教育学会家教专委会常务副理事长
新华社高级编辑

序二 教育写作的馈赠

苏联作家、诗人、翻译家帕斯捷尔纳克(1890—1960)说:"一部书是一种立体的、冒烟燃烧的良心——而非任何别的什么。"我感同身受,领会其中的奥秘。我常深思,怎么才能做到呢?

写书,曾经是我一个遥不可及的梦想,我甚至以为是此生不可能实现的奢望。我出身农村,从小是在贫穷中泡大的,那时候连买一本书的钱都没有啊!悄悄地说一句:我偷过别人的书读。我也曾经借来他人的书,为了满足自己慢慢品读的心愿,就一个字一个字地抄写下来。这样的背景,反而激发了我持续读书的兴趣,点燃了我热情寻书的嗜好。

人生是不可预测的。目前的我,深陷于一种愉悦的情感中。2018年10月,我的一本论著——《优秀教师的自我修炼:给青年教师的成长建议》,成为了中小学教师群体喜欢阅读的书。2020年10月,我的另一本论著——《教育微创新:发现细节的力量》,同样成为了影响中小学教师的畅销书。我经常发现,有的老师在"共读",有的在开展阅读论坛活动,有的在征集阅读心得,有的在微信里晒阅读倩影的美篇……我惶惶中有些歉疚,我不知书中自己的经历、自己的所思所悟,是否真的可以帮到大家的成长。

我时常在心底乐如花开,我终于实现了写书的梦想。如同三月春风来临,天地间到处萌发着一些生命的气息:我积累的经验,我尝受的苦恼,我收获的喜悦,我创造的主张，竟也有机会通过这种方式漂泊于世、流通四海。有时我会接到不知什么地方年轻教师的短信或电话，说是读我的书有收获，并且表达谢意。有给我送鲜花的，有给我寄美酒的，有拜我为师父的，有约我入其读书会的……我知道，我的书正陪伴着他们一起长大！

这是多么神奇的世界，一本书默默地存在，只是过去的一点印记，而现在，在我的耳畔却时常回响着他者理解的声音，互相出神地聆听。这就是所谓"思想"的传播吗？我太不谦虚了，脸瞬间泛起红晕，这是通过一件礼品，搭建彼此心灵的沟通吧。精神世界就是这样构成的。

生命的链接让我蠢蠢欲动，创作的欲望不能自拔。今年，我又开始了我的写书使命，书名为《做个自驱型教师》。我明白，是无数读者们阅读的力量启发了我，驱动着我要有勇气，继续自己良心的拷问。

一本书终于完成了，看其外在情境是写出来的，但我认为它是生长出来的。这个过程，时刻驱使着我努力不扭曲地表达内心生命的声音，表达真实的同时，不真实的东西被涤荡出去，缺陷显而易见，无法掩盖。一种自我控制感油然而生，思维的跳跃逐渐内化为清晰的意识和明智的抉择。

这部书其实是一个生命体——我自己的完整的生命成长史。它是有意识的，它神智健全。书中文字表达的、描述的那些画面、那些情景、那些思考、那些探索，甚至那些羞涩、那些骄傲、那些卑微、那些固执，都源自心灵，都铭刻在心。

有人说，读着你的书，好像自己的精神不知不觉升华了，沉浸其中仿佛离开了当下及世俗。如果此书真有此功，这句评语到底对其他读者有啥影响呢？是积极的引领，还是怂恿放弃？

我认真考虑了，首先应该觉察平静的洗礼，然后滋长行动的力量，继而聚焦思想的价值，最后达至生命的通透。过去一直奋力地想远走他乡，现在却越来越愿意自觉地回到故乡，享受内心的呓语，倾听自然的鸣啭，耳畔漂流着自己的声音——成长的主见。

期待这本书的问世，再听听那些与我有缘的读者朋友的反馈：在追求中，在自责中，在反思中，在重塑中，实现升华与突破。

读书，净化了我的心灵；写书，丰盈了我的生命。看读者的文字，驱动了我的自觉；听读者的声音，提升了我的善美。

我要做一名自驱型成长的老师，致力于成为"明师"，即明白之师、明辨之师、明日之师。

"世间多是画龙手，天下独缺点睛人。"这就是我的"馈赠"，共享之。

是为序。

李志欣

2021 年 12 月 17 日于北京

第一辑 主动研究读懂学生

本辑导读

孩子犯了错怎么办？孩子变得难以管教该如何是好？也许以前我们会当众批评、咄咄逼人甚至歇斯底里，当你意识到这是生命对世界的摸索、辨别甚至创新，才会发现需要改变的不是孩子，而是我们大人自己。

好老师有很多种，有爱岗敬业型的，有知识渊博型的，有多才多艺型的，有风趣幽默型的，但真正受学生欢迎的，还是那些富有爱心、拥有教育智慧、与学生打成一片、润物细无声的老师。

走进学生心灵，就不能只注重结果。不能把孩子当成瓶子，想装什么装什么，或将学生看作车间的机器，只会约束和压制，而是要在师生互动的过程中，把孩子当成有生命的种子，让自己成为耐心培育幼苗的花匠、精心修剪每一处枝桠的园艺师，让孩子们在充满真、善、美的阳光和雨露中生根、发芽、开花、结果。

在训斥、惩罚和恐惧中成长的生命会很脆弱，只有在自由、友善和宽容的环境中成长的生命之花才会怒放。正因为学生拥有丰富的心灵世界，教师才有存在的价值。师生关系应变成一种生命的相互期待、心灵的相互碰撞、人格的相互激荡、成长的互相照耀。

心怀育人的希望，才会觉得教育处处可爱；初心不离，才会觉得未来可期。

学生需要老师的真实发现

平日在学校里你会发现，每一名学生从表面上看起来，好像都很高兴轻松的样子，但其实不完全是这样。虽然学生还是一群孩子，但是他们自有他们的烦恼：作业没完成被老师批评了；成绩下降被家长唠叨了；因同学不理解被不理睬了；想读书却禁不住游戏的诱惑；对成年人权威般的要求左右为难；青春期异性交往的苦恼；来自原生家庭不当教育的惆怅痛苦；等等。

罗丹曾说过："生活中不是缺少美，而是缺少发现美的眼睛。"万物生长，各自高贵。作为一名教师，应该学会在校园的任何空间里，去发现学生闪光的美景，而其秘诀就在于用心去捕捉和感受。

一、多么希望老师能看到我

某个上午我观察了五位老师的课。在前两位老师的课堂上，我发现了一个共性的问题，就是有些学生在课前没有做好物品的准备，导致在课堂上临时寻找，落后于其他同学学习的进度。其实，这种不良习惯正是造成课堂效率低下，与其他学生产生成绩差距的重要原因，这也给教学工作带来了一些麻烦，老师需要等待这些慢节奏的学生，会忽视其他学生的更多需要，关注每个学生就会难度加大，课堂的整体效益则会大打折扣。

第三位老师是一位年轻老师，我感觉到了她的变化，我看到她走下讲台，穿插在学生中间，边讲解边观察学生，这是很大的进步。但是我仍然有一种感觉，她没有真正地实现"以学定教"的原则，看似把更多的精力用在了学生身上，但是仍然是注重"告诉式"的讲授，没有因顺学生所暴露的问题、展露的观念、显露的情感来组织自己的教与学生的学。她只是关注了学生表面的状况。比如，她采用了接龙式提问的方式，我在此不评价这种提问方式的优劣，毕竟在一些场合是可以用的。我向该老师提出了一个问题：当学生接龙式回答问题时，其他没有参与的学生是否会放松下来？因为他们通过判断问题的多少，就很清楚问题轮不到自己回答。我建议她采用自愿举手抢答或抓阄的方式，也可以以小组为单位，由他们小组推荐。

第四位老师的课件做得很好，内容很详尽，但这导致了"课件满堂灌"的弊端，老师根据一张张课件讲解，学生看着这一张张课件听讲，我感觉这是一节只注重学生被动听讲的课堂，其他学习方式，如自主、合作、探究、讨论等缺乏，学生的思维产出、观念诞生等深度学习的要素没有出现。接下来让学生做习题，也是引导着学生，更多的是老师的语言观点。我有一种感觉，这是在"喂"学生学习。

较为完整地观察了第五位老师的课，这是一位比较有经验的骨干教师，很显然比其他年轻老师更加注重落实学习任务，更会关注每一名学生。但是我对这位老师的一种关注方式有些自己的观点。

有一名男生，坐在最后边东南角，一直坐姿不端正，很显然他是大家心目中的调皮孩子。我就坐在他旁边，课堂前四分之一的时间他还极力保持坐着，时常参与学习活动，其间老师提醒他两次坐好、认真听。但是慢慢地，这位学生开始往桌子上趴，越来越不参与学习活动了。我认为，老师只是关注他的不良习惯，对他的要求也很低（坐好、认真听），至于他是否在参与学习，参与学习的过程与结果，并没有关注。一节课里，老师没有给他一次展示学习的机会，没有一次评价他的学习效果，更没有一次走向这名学生，近距离与他对话，暗示他参与到学习中，引导他纠正自己的不良习惯。

我发现多数老师都有这样的课堂行为，只是用控制性、命令性语言去提醒要求学生，而不是用真实的情感，在真实的学习活动中与之交流对话，关注这样的学生偶尔呈现的进步，捕捉他一闪即逝的积极行为。如果长期这样下去，这样的学生就会失去信心，习惯不好、不爱学习的标签被一遍遍地强化，老师则会习以为常，固执地认为这就是名副其实的"差生"。这是多么可怕的推测啊，希望这样的推测能够引发每位老师的思考，变得耐心起来，在课堂上尽力用合适的方式去关注这样的学生。

其实，"差生"有在一次次表现自己，这种表现有可能是积极地参与学习，也有可能是故意捣乱引起他人注意，但是一次次没有赢得老师的关注，一次次的慢待让他们不再有勇气和信心表现了，渐渐地就成了"差生"。

晚上浏览博客，无意间发现了台北教育大学林士真女士的一篇文章，题目是《请看到我》，读完我感动良久。说实话，我已经好久没有这么被感动了，也正好应对白天我的一些观察与思考，能够启发大家今后有所转变。现向大家呈现文中的两段文字：

一个星期日的午后，我漫步在北投街道上，这里是城市的边缘，缺乏关爱的街景有些凌乱，走过一处野草丛生的空地，凝神一看，野草中正开着雪花般的白色花朵，真美！拿出相机拍下它们。路过的人有些讶异我的举动：有什么好拍的呢？太平凡了！的确，平凡的事物容易令人忽略，就像路边的小花小草，少有人为之驻足。但当我们用心凝神观看万物，就能看到它们原本的面貌，以及存在其本身的美好。

我们还记得小时候刚上学的心情吗？在有些害怕老师的权威下，内心深处躲藏着这样的渴望："老师，看到我！""喜欢我！""认同我！"这样的心灵电波一直一直在发送着，直到现在，也会延续到未来。每个人都同样强烈，差别在于个人有没有自我察觉，在于有人被接纳，有人被忽略，然后生命故事的发展就不一样了。许多老师看待学生，只是看到表面，甚至以"标签"方式看学生，很少让每一个独特的灵魂进入他们的心，缺乏心与心的交流……教育要想不一样，需要可以真正看到学生们的老师们。

又想起几年前写过的一段文字："在一次听课时，发现有一个孩子在一堂课上连续举了八次手，最后两次甚至都站起来了，但遗憾的是，上课的教师并没有发现这个孩子。我注意到，这个孩子失望地不再举手了，他眼巴巴地看着其他孩子的精彩展示。我不知道这个孩子下一节课还会不会再举手，他今后的人生会不会因此而受到影响，是不是还有勇气和力量举起自己的手。一个能带给每个孩子温暖和尊重的教师，是孩子生命中的天使！"

"请看到我"，这是教育最重要的智慧和策略啊！希望我们都能铭记自己的使命，把心紧紧贴在孩子们的心上，把全部心思用于去解读每一个孩子的故事，谨慎地呵护每一颗小小的心灵。

二、老师重视我们的感受

某日上午，我校四位老师在异地异校展示了四节复习课，我没有完整地去听完任何一节课，仅仅看到了四位老师每一堂课的一个小片段，却让我看到了我校教师历经两年的课堂改进行动的变化，感觉让人振奋！

老师们给我的感觉是：镇定自如，娓娓道来，用人格魅力与专业素养感染学生、激励学生；亲切平等地走近学生，弯着腰、侧着身、微笑着，倾听、追问、交流，耐心等待学生的表达，等待学生的补充与评价；努力让学生的学习可见、思维可见，学生或走上讲台为同学讲解，或小组之间热烈地讨论交流，或在自己的座位上陈述己见；帮助学生积极地自主合作探究学习，还重视利用学习单这一学习工具，落实到笔头，培养了学生的学习习惯，帮助学生进行知识构建；语文、数学、物理与地理，四个学科都注重思维对话活动与评价的设计，尤其都有思维迁移这一环节，拓展知识的边界，设置具体情景，让学生在做中学。

地理课结束后，我随机采访了身边的两个学生，问他们这节课的特点和感受。他们说了两句话，一句是老师很温和，一句是老师关注学生的感受。温和指的是老师的态度，老师对学生充满信任与尊重。第二句话道出了这堂课的本质特点，老师是在"以学定教"，依据学情组织自己的教学，而不是用自己的思维代替学生的思维来控制课堂，这是生成性的课堂。这就是在构建"以学习者为中心"的课堂，慢慢地，课堂生态就会有变化。

不少老师的复习课是这样上的：首先快速给学生讲解知识要点，然后发放试卷做题，最后一道题一道题地逐一讲解。问其理由，说怕完不成任务。在研讨时，我们分析："以学习者为中心"的课堂，开始看似很慢，在等待问题的慢慢解决，等待每一个学生的表达，其实这是在打基础，教学生思维的方法，一旦学生养成了思维的习惯，以后的内容自然就会快一些。这就要求整体进行教学设计，起码以学期为整体进行课程的整合，实现课程教材的师本化，甚至是生本化。

有的老师问，学生就是不积极主动表现，就是不愿意回答问题，就是不想合作，怎么办？我想，这些问题的根源就在教师的教学观念里，原因自然是教师在教学设计时，其思维停留在自己要教给学生多少知识、自己要讲多少答案、自己要完成多少任务，却忽略了学生的真实需求与真实状况，也就是没有建立起课堂是学生的课堂，是学生学习的课堂的观念，其课堂仍然是教师主宰下的课堂。

当然，多年的教学方式不好短时间内改变，但是，现在的学生与过去的学生不一样了，课程理念与考试改革政策也与过去不同了，甚至周边的环境、社会、世界都变了，家庭教育的方式更与以前大不相同，如果老师的课堂却没有变，或变化缓慢，那就不适应当下教育了。

课堂变，教育才变。老师们还是要静下心来，好好改善自己的课堂，争取做一名与时俱进的高效能老师，以赢得学生的信任与敬仰。

三、认真及时地评阅反馈，师生互相成全

我发现一种现象：不少老师没有及时认真地去评阅课堂上的学习单，自己布置的课下作业也没有来得及批阅与记录学情，便在课堂上一一进行讲解，有时还流露出怪罪学生没有完成任务或不认真对待作业等情绪和语言。

部分学生没有完成任务或不认真完成任务的原因很简单，学生毕竟还是个孩子，惰性与贪玩是他们的天性，当老师不能及时关注他们的学习行为与结果时，也就是不能做到及时细致地评阅反馈他们的任务时，有些孩子就会钻空子。他们很清楚，自己完不成或不认真完成，老师一般情况下也不知道，反正老师会在课堂上告诉答案，到时抄上即可。甚至课堂上他

们连抄都懒得动，因为他们比老师聪明得多，反正老师也就是用嘴说说而已，不会一一找他们追问。

写到这里，我们可以得出一个结论：其实教学并没有多么复杂，只要"因材施教"，把自己布置给学生的任务与问题当作自己的作品与成果，做到对每一个任务、每一个问题，都能及时认真地去关注、评判、反馈、修正，然后再根据学情布置任务与问题，如此循环而已。这样看似比较麻烦，有的老师也可能感觉这样会很累，但是大家要明白一个道理，这样才能提升效率，通过自己的任务和问题与学生展开对话，学生的生命和情感才能与你的生命和情感融为一体，这才是真正意义上的教育。如此，你的课堂才会产出高效的果实，你才能真正赢得每个学生对你的敬畏。作为一名老师，你的每一次辛勤的付出，都会种在学生的心田里，他们会弥久不忘。学生们真正记得的事情，就是自己的老师对自己的那份爱心、诚心与矢志不渝的关心、用心。老师与学生的交往实际上就是一种生命的相互期待与人格的相互激荡。

不管什么原因，当你忘记了及时评阅反馈你的学生的作业或发生的问题时，你便失去了与学生心灵交往的机会，也就是失去了人心，你再用成倍的时间和精力去弥补，已经是不可能了。关注过程，把过程性工作，把事关学生的每一件小事做到极致，其实是对自己的解放，当收到良好效果的时候，那份轻松与喜悦是他人无法体会的，这也是一名优秀教师的一种习惯、能力与修养。老师会告诫学生：不动笔墨不读书；作为校长，我想告诫老师们：不评判学生作品不要教书。

台湾台北教育大学的一位朋友曾经发给我一个教学案例，也算是一种教学策略，看看这位老师是如何对待孩子们的任务与错误的，值得大家思考与学习。

答错了，是另一层次的学习

在班上，作业上的答案写错了没关系，考试答错了也没关系，重要的是要把错误、不会的题目弄懂订正好。

因此我不登记完美作业的成绩，反过来只登记订正的分数。我始终相信，答错了，是另一层次的学习。

所以孩子除了要保留原有的错误答案，用不同颜色的笔把正确解法写上，还要写出为什么写错，以及不断被老师追着问为什么。

今天让全班一起来订正数学试卷，一个个孩子围在我身旁，我一题一题看他们考卷上所写的解释原因。写不清楚的，就一题一题问他："这题为什么答错？"

"因为我移过去，还是用的除。"一个孩子说。

我继续追问："为什么移项要用乘呢？"

孩子说："因为……"

下一位孩子过来，我问："这题为什么算错？写成这样看不懂。"

"因为这题不能加1。"这个孩子回答。

"那你为什么加1？加1后代表什么？不加1又代表什么？"我追问。

"不对，这些题目不能用背的加1或减1，这题是……"孩子继续回答。

回答得出来的孩子，就放他回去；回答得不清楚的，就逮到好机会好好地教他。

教完后，让他自己再说一遍解法。说完后，再回去重新写上错误原因及正确解法。

才一张考卷及一回作业簿，就把我累得半死，这可是二十多人的班啊！

但我也发现长期实施下来，孩子确实能看到自己的学习问题，以及更清楚看到数学解题的思考脉络。现在再加入放声思考的训练，无形中他们越来越有表达的勇气与能力。

让善在宽容中绽放

每天我都会不自觉地走进老师们的办公室，与老师们聊聊天，关注一下他们的工作与心情，关心一下他们的身体与问题。

我惊奇地发现，有不少老师的办公桌上放着一把"戒尺"，教学服务中心主任那里竟然有三把。我拿过来端详，这些"戒尺"做得都很精致，材质都是竹子的，上面篆刻着《三字经》《弟子规》《傅雷家书》等传统文化方面的文字。

我问老师们，你们可真大胆，敢用"戒尺"？他们都笑着说，这是家长给买的。我明白了，家长给老师买"戒尺"，表达了家长的一种心愿，希望老师严加管教自己的孩子。一直以来，家长不会管孩子、老师不敢管孩子的现象，在中国基础教育领域里流行已久。老师在实施管教时不敢越雷池一步，不用说用"戒尺"打，就是一不小心言语过激了，有些家长也会不依不饶，导致当下的教师的工作很难开展。

从教育部到地方教育主管部门，一方面提倡把惩戒权还给教师，认同没有惩戒的教育不是完整的教育，但是另一方面却一再强调安全，对老师的教育言行不断地予以规范。我赞赏为老师赠送"戒尺"的家长，这是对老师的信任，预示着家长把惩戒权交给了老师。老师因此就会有底气，甚至是有信心、有勇气来管教自己的学生。这种现象值得提倡，当然老师也要注意使用"戒尺"的分寸与策略。

如何使用"戒尺"？还得从"戒尺"的概念与含义说起。上网搜索"戒尺"，找到两种解释，其一是指佛教的一种法器："戒尺"也叫作"尺"，它是用两个木块制成的。这种"尺"，是在"皈依、剃度、传戒、说法"，以及"瑜伽焰口施食"等仪节中使用的。这自然不是我们所说的那种"戒尺"。

我们所说的"戒尺",指向另一种解释:"旧时私塾先生对学生施行体罚所用的木板。""桌上放着一根两指阔的竹板,一想不起来就要挨一下打,半本书背下来,'右手掌被打得发肿,有半寸高,偷向灯光中一照,通亮,好像满肚子装着已成熟的丝的蚕身一样',陪在一旁的母亲还要哭着说'打得好'。"这样的"创伤记忆",定然不会只是一两位少年学子求学中经历的。

"戒尺"这个名字起得好:"戒",警戒,惩戒;"尺",尺度,标尺,标准。这些正是人在成长过程中所必需的,没有规矩,难成方圆嘛。"戒尺"是干什么用的?我们还是先看看前人是怎么用的。

鲁迅的启蒙老师寿镜吾老先生是一个博学而又极为严厉的人,在他的三味书屋里,有戒尺,还有罚跪的规则,但是都不常用。

魏巍在上课时做小动作,蔡芸芝先生手里的教鞭好像要落下来,他用石板一迎,教鞭轻轻地敲在了石板边上,大伙笑了,蔡老师也笑了。

刘墉的孙子自己拿出"家法",请爷爷"高高举起,轻轻落下"。

看来这"戒尺"的使用还真的有些讲究。它并不是非用不可的东西,今天的人不用它,自有不用它的道理。

有一个问题,我问过别人,别人也问过我:在施教过程中,孩子到底能不能"打"呢?

随着教龄的增长,我越来越觉得,做教师首先要有"德"。一个教师的威信绝不是"打"出来的。"打"或许是一种方法,但不一定是最好的方法。孩子犯了错误,如果我们首先想到的是"打",那至少说我们缺乏爱心。再说了,如果连"打"的力气也没有了呢?

从孩子的身心发展规律来看,孩子犯错误还是不宜"打"。"打"是为了教育,是为了让孩子知错、改错。孩子都有自己的自尊,他们犯了错误,有时候心里很后悔、很害怕,就怕别人知道。这时候如果迎头受到呵斥、责打,那本来就很脆弱的心,怎么承受得了呢?就那么简单粗暴地一"打",非常容易挫伤孩子的自尊和学习热情,还会形成一种逆反心理——错了,不就是挨一次打吗?无所谓了,也就"破罐子破摔"了。这样的结局恐怕不是我们当初"打"的目的吧?

当然，恰到好处的"打"有时候也是可行的，可以打去邪气，打去傲气，打出志气，打出勇气。但是如果你把孩子当出气筒，那你只能打出晦气。这是一个险招，没有大匠运斧之功，不用最好！

郭沫若小时候读书，和同伴趁老师外出到书塾隔壁的桃园里偷了桃子。园主告到老师那儿，老师没有用"戒尺"，而是跟什么事也没发生似的，给他们出了道题——对对子：昨日钻狗洞偷桃，不知为谁？

郭沫若一看，傻眼了，老师全知道了，认个错儿吧，灵机一动，对了个下联：他年进蟾宫折桂，必定是我！

还要用"戒尺"吗？老先生就眯着眼睛偷着乐吧！

当然，"戒尺"的使用，并不是中国人的专利。在美国人兰妮·麦克穆林写的一篇题为《难忘的体罚》的回忆文章中，弗洛斯特女士自有她的绝招——让犯错误的"我们"闭上眼睛，然后用"那块著名的松木板子"狠狠地抽打坐椅的垫子。"我们实在受不了朋友受罚的痛苦，就都主动请求老师别打了。"这一次的"体罚"，虽无肌肤之痛，却记忆至深。

如果真正理解了"戒尺"的含义，就能合理地用好"戒尺"这种教育工具。学校老师手里有了"戒尺"，这是学校文化的一种生态健全，是家校合作的一种信任重建，是对过去不健康教育的一种修补与回归。我想，理解了"戒尺"的含义，再好好体会过去名人的老师们的做法，"戒尺"的真正作用就会起到，而不是一提到"戒尺"就想起惩罚，想到打学生的手掌。

尤其需要强调的是，我们的心中不能没有一把"戒尺"——不能没有"戒"，不能没有"尺"。"戒尺"可以是放在手边的实物，也可以是藏在心中的圣物，如何使用全看使用者的心性、道德与艺术。

下面这个案例，可谓是合理惩戒的可圈之笔：

上一个学期，初中二年级有一个学生，用拳头把大厅的一个木制门框给打了一个洞。

年级主任找到我说："需要他赔偿，要不还会有其他人搞破坏。"我并没有阻拦，建议他把家长叫来商讨一下。

一天后，年级主任又找到我说："已经与家长说好了，根据维修公司核定的价格，修好需要赔偿1500元钱。家长也同意了。"

过了大约一个月，年级主任说："该同学家里比较贫穷，父母在外打工，只凑了1000元钱。"我说："可以了，我与维修公司说说吧，要求他们再便宜点。"

我心里明白，这名学生的所作所为，有可能不是有意的，不管他当时是出于什么原因，是生气、抱怨还是宣泄，也许他并不知道一拳会打出一个洞。

年级主任问我："钱放到哪里？"我说："就先放在你那里吧。"

这件事就一直搁着没有再处理，我只是催着后勤主任抓紧联系维修人员进行修复。

在修复之前，我提醒教育服务中心在被破坏的地方贴上一张彩纸，写上"小心碰撞"的字样，目的有两个：一是提醒大家这里是不能随意破坏的；二是让大家看不出这里有一个洞，以防其他人效仿。

暑假结束了，在开学后的第一周，我去北京市育英学校于会祥校长办公室汇报工作，于校长与我谈到了德育工作。于校长说："孩子犯错误并不都是故意的，比如在家里，当孩子吃饭时不小心摔碎了一个碗，我们会定义孩子犯了错吗？"这一席话让我萌生了一种惊醒。

回到学校后，我找来年级主任（初三），我告诉他："就别让那名学生赔钱了，学生家里也不富裕，再说他也不一定是故意的。给他一个机会，让他安心复习，迎接中考。咱不能因为一件偶然的事情让学生产生不理解，或许我们的这一次宽容，会成就学生感恩老师的情感，对学校产生眷恋之情，这才是他心目中的母校啊。母校是一处宽容人的地方。"

年级主任也很认同我的做法，回去找来家长和学生，很好地处理了这件事情。

一天，在校园里我遇到那位同学，与他交流了几句。我说："你老师知道你不是故意的，恳请学校免除对你的惩罚，今年你是初三毕业班的学生了，安心学习，争取拿出个好成绩！"该同学认真地点了点头，轻松微笑着离开了。

为什么凡事都要去认真对待呢？等一等，或许会有更加宽容的处理方法。为什么非要给学生一个处罚呢？给他一个在错误之中学习的机会，或许会促进他更快地成长。

学生的生命成长不是在训斥、惩罚和恐惧中实现的，而应该是在自由的环境之中，在善的绽放中自然实现的。

2020年12月，教育部在前期广泛调研、公开征求意见的基础上，制定颁布了《中小学教育惩戒规则（试行）》，首次对教育惩戒的概念进行了定义，规定教育惩戒是"学校、教师基于教育目的，对违规违纪学生进行管理、训导或者以规定方式予以矫治，促使学生引以为戒、认识和改正错误的教育行为"。

我的观点是，在实施教育惩戒的过程中，学校、教师要把握住教育惩戒的底线。教育惩戒当符合教育规律，注重育人效果，坚持育人为本；实施教育惩戒要遵循法治原则，做到客观公正、合法、合规；实施教育惩戒应当选择适当措施，与学生的犯错程度相适应。

教育惩戒不是惩罚，而是一种教育方式，是学校、教师行使教育权、管理权、评价权的具体方式。教育惩戒应该以育人属性为本。从教育的角度而言，我们不是要学生敬畏老师手中的"戒尺"，而是要教会学生敬畏规则，追求有文化自觉的精神生活与人类永恒的文明价值。

教育学生不能仅靠"告诉"

开学有一个月了,发现所有的师生都很尽力,整个校园呈现出一派活力,好像天上的霞光,早晚都是红火的样子。

但是,在一片形势大好、高效能运转的校园里,如果你把心绪放平,带着发现问题的勇气走进课堂,走近每一个人,浸入真实的教育教学现场与生活当中,又会体验到一些别样的惊喜,更会发现一些不尽如人意的场景、故事。这让我既欣喜不已,又时常陷入焦急与无奈之中。

学校有一些新来的教师,有的自悟素养较好,自我提升较快,一两年很快就上手了,无论课堂教学还是班级管理,都不亚于有多年经验的教师。看到他们飞速成长的身影与忙忙碌碌的效果,我预见了未来教育的希望。

但是,校园就像一方池塘,里面的水草不可能是一样的,其生长的状况更不是统一的,它们各有其存在的道理。这就构成了一幅多样的令人向往的水域,吸引着水里的鱼儿、陆地上的虫儿、天上的鸟儿汇聚在这一包容的空间,大家一起享受着无与伦比的自然生态之美。

总有成长慢的教师,这不仅仅是指部分新教师,一些从教多年的教师,也表现出了慢的节奏。我承认这是教育生态良性循环的必然结果,但是我总是有一种幻想,希望这些慢节奏的教师尽量成长得快一点,这不仅仅是自己生命成长的需要,更是学生们的成长需要啊!孩子们遇到一个好老师是多么的幸运,这关乎他们一生的命运啊!有时候,我会萌发这样一种看似偏激的观念:教师的言行举止真的是为了他人、成就他人,用自己的德、行、言去点燃、唤醒、激励、影响他人。我认为这是一名教师终身的使命,应该用一辈子的心灵与精力去修炼。因此,我们有责任去不断地学习、实践、反思、突破。我渴望早日见到这些慢的教师破茧成蝶的那一天。

每天,我遇到这些教师,总是提醒他们:最近与学生关系怎样?在一些具体事上要严格一点啊,多走下讲台与学生互动啊……他们都点头应允,并说些感谢的话,我不知是否真的起作用。

有一名凡事都喜欢着急说的年轻教师,不管大事还是小事,只要学生出现了她感觉不符合规定的问题,她就马上提出来,让学生马上纠正,但是效果并不好。我多次提醒她:少说多做,把指令一次性说明白,与学生一起做好规则,你们一起执行,执行要讲究诚信,自己做不到的事情不要随意让学生去做,说要怎么做必须坚持做下去。

这段时间,我欣喜地发现,她不怎么说话了,总是与学生们在一起,期待着学生们的良好表现,我认为她成功了。一次,我看到她在班级教室后门外边,观察学生的课堂表现。我走过去问怎么了,她说上课老师因为在讲台上用投影仪讲解,没有发现后面还有一个同学不听课在玩手机呢。我知道她可能正在思考如何处理这个问题。

第二天,我在去食堂吃饭的路上遇到她,问她怎么处理的。她告诉我:下班后我找了学生,首先问他是不是没听课玩手机了,他承认了。我接着告诉他,给他一次机会,进校园不要带手机,确实需要,进入教学楼时交给我保管。学生同意了。第三步是与家长进行沟通,征得了家长的支持。并且,这位年轻教师还把与学生互动的过程记录了下来。这位年轻教师瞬间变成了教育高手。其实教育不只是追求最后的结局,关键是人与人之间互动交往的过程,过程做得适合了,结果自然会变得好起来。不要怕慢,不要担心他人不理解,只要互相信任、尊重,进行心灵的碰撞,美好的未来、有效的教育就会发酵,就会到来。

走进另一个班级,我开玩笑地问了句:咱们班谁最调皮啊?该班班主任立即说某某。当然,这位班主任又加了一句:最近表现进步了。但是我却认为这样不妥,此时班主任应该说:我们班每位同学都表现不错,都有不同程度的进步。班主任与学生是最亲密的,交往互动得最多,心里应该常怀保护学生、保守学生秘密的意识。比如学生真的犯错误了,甚至是被学校通报批评了,当学生回班时,作为班主任也不应该变本加厉地批评指责自己的学生。应该这样说：我是你的班主任，知道你被学校批评心里不高兴，我理解你，但是你要想想自己为什么被批评了，好好改正，争取今后不再重犯就好，我永远支持你。这样，学生赢得了班主任的谅解，也避免了同学对他的歧视，我相信他会慢慢有所改变的。

下午第一节课刚上课时，我发现一位年轻教师正在维持班级秩序，但是却出现了混乱局面。教师维持了这一边的问题，那一边又起了波澜，急得教师不得了。我暗示教师先上课。我坐在了教室的后边，协助这位年轻教师上课。教学终于顺利进行起来，但是我发现了一个问题：这位新教师基本上是在实施"告诉"式教学，伴随着课件的翻页，教学程序按预设的顺序推进着，教师讲解清楚，但有些学生是否能跟上教师的进度却很难显现出来。有多少学生正在深度参与学习？有多少学生达标了？这位教师没有设置评估活动、准则与标准。此时，教师让大家收看一段视频，播放视频前没有给学生明确问题与任务。看完视频，教师就主动把结论告诉了同学们，并强调以后注意，不要出错。一切都是在"告诉"，一切都是教师在讲授，学生被剥夺了学习、参与、思考、做事的机会，都在被动地接受。据我观察，有些学生根本没有参与学习活动，有些是在虚假学习，有些根本没有理解。这是一节极度糟糕的课。

我建议该教师根据视频提出一个问题，看同学们是否掌握了。该教师现场出示了一个问题，问谁会回答，多数学生举手了，教师却找了一个不举手的回答，结果学生没有回答出来。场面再次陷入僵局。我灵机一动，把举手最高的那位同学叫起来，请他帮帮这位同学，这位同学回答对了。顺势我又叫起最后边一位坐姿不端正，看起来好像不学习的同学，请他也回答一下，他竟然也回答对了。我立即请同学们为他鼓掌，看他满意的样子，好像好久没这样了。此时我没忘记那位还站着没有回答正确问题的孩子，我亲切地问他："你会了吗？请再回答一遍。"他说话的声音很小，但是这次他回答对了。我号召大家热烈地为他鼓掌。这位同学如释重负，没有因不会回答失掉面子。其实，我挽救了他的学习积极性。

在此期间，我观察其他所有的学生，他们都在专注地倾听，在短短的三分钟里，有的学生不断地点着头，脸上洋溢着微笑，很享受的样子。我敢断定，这种方式的学习，所有学生都参与了，看似叫了三名学生，其实已经对全班学生的学习效果、达标率、学习状态进行了有效评估，这才是为了学生的学习。

我想，低效能教师形成的原因，无外乎以下这几条：一是态度问题，他不想或懒得做让课堂教学高效的事，比如长期站在讲台上，很少走下讲台，走近需要帮助的学生；二是观念问题，以教为主导的教学观念始终不改，课堂以"告诉"结论为主，学生没有机会参与学习活动；三是技术问题，对于教学中的学习目标、思维问题、活动任务、评价反馈等指标缺乏精准、灵活、有序、智慧的设计，帮助学生学习的方式机械死板，没有针对性评价；四是智慧问题，缺乏教学机智与教育艺术，缺乏情感互动与人格激励，眼中内容过多，人太少，缺乏爱与善的渲染与影响，缺乏随机调控教学情境与情绪的意识。

当然，原因不仅仅以上四种。总的说来，心中缺失了"人"这一关键因素，没有自觉地去研究"人"的各种必备素养的培育。因此，我建议，要在具体的实际教学过程中，在引导、支持、帮助学生学习的体验中、参与中，训练学生的学习习惯，提升自己的课堂管理水平，寻求更有效的课堂管理策略与方式。

写到这里，我记起了三年前写过的一篇文章，题目是《请把你的耳麦摘下来》。

经常在听课时发现有些教师喜欢戴着耳麦讲课。目的肯定是想通过耳麦发出更大的声音，以便学生能听得更清楚，潜意识的理念是想用高音量来控制课堂，管理课堂。

殊不知，若想实现有效的教与学，教师与学生需要的是用心听、用耳听、用眼听，甚至用整个的身心来听。

教师需要俯下身段、蹲下身子去平等地侧耳倾听，去听学生的学习成果表达，听学生之间、师生之间、人与文本之间的情感交流。倾听学生暴露出的问题，以便有的放矢地再次组织新的学习活动；倾听学生不经意间诞生的精彩观念，智慧地处理学生生成的观念和问题；倾听学生的态度和价值观，有机地落实学科育人的任务。

学生在课堂上，不仅仅是通过教师从嗓子眼中发出的声音，也不仅仅是用耳朵这一器官来学习的，他们同时需要把自己的眼睛、双手、心灵、大脑解放出来，用它们去倾听课堂的声音。他们需要在做中学、玩中学、错中学，需要倾听这些极好的学习方式奏出的美妙音符，如此，他们的思维才能活跃起来，学习才能真实可见，学习才能变成学生自己的事。

戴着耳麦上课，良苦的用心可能阻碍了教育规律的良性运行：教师容易误解学生，错误地认为学生都已经听到了，甚至认为学生听到了就学会了。它还屏蔽了教师的观念与行为，使教师不容易推行"以学定教""以学习者为中心""用所学的知识来做事"等课程观念。

这种教学方式也会让学生错误地认为，学习是主要以"听讲"为主的行为，对于其他好的学习方式，如交流合作、动手体验、展示反馈、创造迁移等了解甚少，学生在学习中锻炼能力、提升素养难以体现与实施。

因此，我建议教师尽量不要戴着耳麦去上课，学生不是学习知识的机器，他们需要教师用整个人格、生命背景与情感智慧去引领、激励、唤醒。不要怕教室内学生太多而听不到你说话的声音与内容，课堂上学生才是真正的学习者，教师只不过是学生学习的帮助者，学生学习的教练。

课堂上应该更多的是学生的声音，学生更需要的是他们有机会进行自己的学习活动。教师的一句轻声慢语也许更有教育的魅力与力量，一个眼神也能起到管理的作用。

请走下讲台，走到学生的身边，走进学生的心灵，去用心倾听学生整个身心的声音。倾听才是教室里最美的姿态。教师、学生都要学会倾听这一高超的教育策略，缺失了倾听的一切课堂改革都是虚假的行动。

"因材施教，因类指导"的原则永远不会过时，我们要通过自身的学习、反省与探索，真正地研究学生、了解学情，真诚地宽容学生、尊重情感，真实地生命交往、敬畏人格。

花钱买不来好习惯

蔡元培先生在《中国人的修养》一书中说道:"决定孩子一生的不是学习成绩,而是健全的人格修养。"我很认同这句话,不管是作为父母还是老师,都应该自觉遵循这条法则。想起几年前网上热议的一件事,即"女儿劳动奖惩细则"事件。该细则对生活习惯、考试成绩、日常劳动、为人处世均规定了相应的奖惩金额,比如"早晨起床未主动喝水扣1元""爸妈、爷奶……身体不舒服主动关心奖2元,有具体关心行动再奖2元,没关心扣3元"等。

我认为,如何引导儿童的成长是一门很深的学问,也是一件很难的事情,其中最大的困难莫过于对儿童无知,以致忽视儿童的人格与情感。

当下,人们对于儿童教育的重视程度可谓前所未有。很多家长为了自己孩子的成长与发展,更是煞费苦心,八仙过海各显神通。随着社会环境的日益成熟与和谐,家长文化知识的不断提升与教育理念的不断更新,各种新型教育理念相继出现。

阿尔弗雷德·阿德勒在《儿童的人格教育》第一章的引言中有如下假设:如果我们愿意,我们完全可以放任儿童按照自己的意愿成长;而且,如果他们有两万年的时间,且在恰当的环境下发展的话,他们也许最终可以适应现代文明人的行为规范。但这显然不太可能,因为人生有限。因此,成年人必须关注并引导儿童成长。

了解儿童,并在掌握丰富知识的基础上去指导和引导他们,是每一位家长和老师必须重视和掌握的工作。儿童有自己的独特世界,我们应该走进他们的世界去召唤、影响他们,而不应该以成年人的是非观念来硬性教导儿童。

儿童自出生起,就会不断地追求发展与成长,追求人格的完善和希冀的图景。这种完善和图景是无意识存在的,它们无时不在,而这追求的过程,其实就是人格和情感养成的过程。这是一个潜移默化的过程,它遵循的是无言之教。

把日常生活、道德伦理、劳动学习等方面的习惯与做法纳入量化奖惩细则,是一种无知的做法。

比如"爸妈、爷奶……身体不舒服主动关心奖2元",关心照顾长辈是一种伦理道德的要求,是祖祖辈辈流传下来的家庭美德,岂能用金钱衡量?如果我们的长辈要想得到晚辈关心时,都需要通过金钱评价的方式来引导,那我们的社会会变得多么的扭曲不堪!一个没有了人性而只有功利的社会将是一个多么可怕的世界!

又如"早晨起床主动喝水"这一习惯,应该是一种生理性的自动化需要,是儿童为了更好地生长和生存主动掌握的基本技能。如果父母养成了天天早晨起床后喝水的习惯,孩子也很容易效仿养成喝水的习惯。但是当这种需求与功利联系在一起时,习惯就不是自觉的行为而变成了目的。如果有一天孩子的面前没有了这样的量化评价,他还会自觉地遵守这个习惯吗?而当"何时吃饭、何时喝水"这种人自然本性的行为也成为父母刻意教育的范畴时,儿童的成长就从成年人的引导模式变成了驯兽师训练动物的模式,父母不再是真正意义上的父母,甚至会成为孩子心灵中可怕的梦魇。

硬邦邦的奖惩行为,会破坏家庭情感对孩子的指导性作用。这样培养出的孩子,头脑里会只有分数、金钱、目的,只有自己,而没有别人。他们会成为道德上和心理上的自我主义者,凡事以自我为中心。孩子是"上帝赐予我们的礼物",教育孩子不是靠简单的说教和金钱就能奏效的。孩子需要的是父母按照社会的伦理道德和积极的生活态度与目标为他们做出榜样。

"花钱买习惯"的教育方法并不能起到帮助孩子养成良好生活习惯、树立正确人生观和价值观的作用。儿童的教育,需要多方面通力配合,从一点一滴处做起:(1)父母做法要一致。父母在教育孩子的时候要形成统一意见,否则孩子就会感到无所适从。(2)家庭和学校教育要一致。父母应该配合学校的教育，让孩子认同并巩固在学校学到的正确理念。（3）父母要以身示范。模仿是儿童学习的一种方式，比如说脏话往往就是从父母的随口一说中学到的。如果父母在孩子面前表现的是好的行为，那么孩子学到的就是好行为。（4）建议组织家庭竞赛活动。如果想对孩子的习惯养成加以强化，不妨经常举行一些家庭竞赛之类的活动，比如早上起床时，看父母与孩子谁先叠好被子，穿好衣服。孩子做得好，就及时鼓励表扬，这样能大大加强孩子良好行为的主动性，久而久之自然就会养成良好的习惯。

很多父母不懂得关注孩子的兴趣和实际，不懂得去激发孩子的内部驱动力，引导他们养成自我规划、自我认识和自主学习的习惯，孩子对学习的兴趣和他们的成绩是不会依父母意愿而自然生成的，再多的物质性奖励也不能让他们真正学会自我管理、自我学习。

在当下"一切为了孩子"的社会环境里，用表面奖励刺激学生学习，也成了现在学校和教师教育的主要方式，如发小红旗、发小红星、量化积分兑换相应物质奖品、承诺评先树优优先等方式纷纷出现。学生的主动性和积极性看似被调动起来，事实上他们的错误自我却随之发展起来。可以说，所谓的奖励机制对学生学习习惯的培养、学习兴趣的激发没有多少促进作用，反而把学生推向急功近利的边缘，甚至让学生学会撒谎、造假等行为。

我们从成人的角度对儿童的评价和看法其实并不重要，重要的是，我们要以儿童的视角来看待他们的处境，以他们的立场来理解他们。当家长和老师不再为了眼前的目的和利益而施教，不再以简单的物质奖惩措施来刺激孩子，让儿童有机会、有时间在良好的环境中养成习惯，在四季中体验生命成长的真谛的时候，他们的人格和情感才能够得到健康培育。

别再仅靠"听话"来教育孩子了

晚上爱人与我家妹妹电话聊天，我听到妹妹一直在诉苦：老大不听话，很让人操心；老二很听话，是个好孩子。听后我与爱人交流：这种以"听不听大人的话"来衡量是不是好孩子的标准合适吗？

做教师多年，也经常听到很多接送孩子的家长如是说：到学校要听老师的话，今天你听老师的话了吗？很多教师也以学生是否听自己的话来评判是不是好学生。我想，以这种简单的方式来定论孩子的行为不是在教育孩子成为"奴隶式公民"吗？不是在制约他们的价值判断和创造性思维吗？

孩子不是任何大人的"复制品"，跟大人一模一样将是多么可怕的事情。每一个孩子都是一个独立的个体，是一个与众不同的生命，有自己的个性、兴趣、情感、人格与立场。如果我们所谓的大人们总是以自己的生活阅历和经验，或是以自己想当然的教育观念和意志来"规训"孩子，将会给孩子的成长带来不可估量的负面效应。这是违背人的成长规律的，更是违背社会发展和自然运行规则的。

我的一个学生，学习成绩并不差，但是在学校的表现却让老师和同学伤透了脑筋：上课乱说话乱下位，用班内的电脑随意上网，总是在课堂上偷玩手机等。针对他不按课堂和班级规则做事的不良习惯和行为，老师们少不了进行说服教育，这位学生却不是撒谎就是强调自己的理由。为此，我走访了他的家长。原来，母亲从小对他要求甚严，把他在家的时间安排得很是到位（当然是各种方式的学习），不允许他做错事。据我判断，该学生在家得不到放松、表现和发泄的机会，于是就把他原始的、被压抑的欲望暴露在学校老师和同学面前，期望引起他人的关注，对于自己的问题却视而不见，极力掩盖敷衍。这都是在家过于"听话"的缘故。

但是，一代代延续下来的家庭教育，却始终继承"要听话"的教育方式，这当然与中国的传统文化有一定的关系。在当今信息化时代里，东、西方文化和现代、传统文化相互融合，这是好事，但也会导致思想冲突、价值观多元和道德感滑坡的现象。如果学生缺乏价值判断和质疑的能力，有主见地表达、沟通与协作的能力，创造性思维与革新的能力，灵活与适应的能力，主动与自我导向的能力等核心素养，怎会得到健康成长的机会？将来如何适应这个社会和世界？看来，当下的孩子教育问题，真的不能仅仅怪罪孩子无知，抱怨他们"不听话"。其实，真正的问题大部分来自我们家长、老师——社会中的"大人们"，来自他们不负责任地让孩子听自己的话或听他人的话。

我教育自己的儿子时就比较注重尊重他的想法和意见，耐心倾听他进行问题申诉与辩驳。上学前我会叮嘱他多注意安全，要劳逸结合，上课应该主动提出问题，有自己的思考和主见，积极参与课堂互动，有事多与老师同学商量；放学回家我从不问他是否有作业，考了多少分，我喜欢听儿子讲他和老师、同学之间的故事，喜欢与他讨论问题、交换意见。记得在填报大学志愿时，我与儿子产生了分歧，给他提了一些建议，但是儿子喜欢历史，六个平行志愿学校的第一个专业均选择的是历史专业。我当然会尊重他的意见。最终他如愿以偿，被兰州大学历史系录取。报道那一天，他不想让我们送他到学校报到，我们拗不过他的坚持，大学四年我也没去看过他。我一直有自己的家教理念：自己的事自己负责，孩子不经历挫折，甚至是失败的过程，他是无法真正长大的，否则，不良的问题在他的成长中潜伏，早晚会在某一时期、某个地方爆发出来。

以色列前总理希蒙·佩雷斯小时候放学回家后，他的母亲只问两个问题，第一个是"今天你在学校有没有问出一个问题老师回答不上来"，第二个是"你今天有没有做一件事情让老师和同学们觉得印象深刻"。这相较于中国母亲在孩子回家时问的两句话，一是"今天有没有听老师话啊"，二是"今天你有没有家庭作业啊"，有着多么大的本质性区别啊！

父母们啊，老师们啊，不要再以一句简单的"要听话"来教育孩子了，它是多么的弱智、短视和可怕啊。我们培养孩子，必须基于科学价值观，基于未来核心素养，基于人的成长规律和社会需求。孩子应该敬畏规则，讲求诚信，而不是徒听"大人"的话而已。

批评也能变得如此优美

晚上，寂静得很。

品读毕淑敏老师的一篇文章《批评孩子也可以低调奢华有内涵》，文章开头讲了韩国古书里的一个小故事。

一位名叫黄喜的相国，微服出访，路过一片农田，坐下来休息。瞧见农夫驾着两头牛正在耕地，便问农夫："你这两头牛，哪一头更棒呢？"

农夫看了看他，一言不发。等耕到了地头，牛到一旁吃草，农夫附在黄喜的耳朵边，低声细气地说："告诉你吧，边上那头牛更好一些。"黄喜很奇怪，问，干嘛用这么小的声音说话？

农夫答道，牛虽是畜类，心和人是一样的，我要是大声地说这头牛好那头牛不好，它们能从我的眼神、手势、声音里分辨出我的评论，那头虽然尽了力，但仍不够优秀的牛，心里会很难过……

由此想到人，想到孩子，想到青年。

……

对照那个对牛的心理体贴入微的农夫，世上做成人、做领导、做有权评判他人的人，是不是经常在表扬或批评的瞬间，忽略了一份对心灵的抚慰？

父母常常以为小孩子是没有或是缺乏自尊心的，随意地大声呵斥他们，为了一点小小的过错，唠叨不止。

不管是什么场合，有什么人在场，只顾自己说得痛快，全然不理会小小的孩子是否承受得了。以为只要是良药，再苦涩，孩子也应该脸不变色心不跳地吞下去，孩子越痛苦，越说明对这次教育的印象深刻，越能够起举一反三的效力。

这样的父母，实在是想错了。

……

孩子和年轻人的皮肤与心灵，更为精巧细腻。他们自我修复的能力还不够顽强，如果伤害太深，会留下终身难复的印迹，每到阴雨天便会阵阵作痛。遗下的疤痕，侵犯人生的光彩与美丽。

山野中的一个农夫，对他的牛，都倾注了那样淳厚的爱心。人比牛更加敏感。因此，无论表扬还是批评，让我们学会附在耳边，轻轻地说……

我陷入了沉思，回忆起对于自己的孩子，曾经犯了多少错误啊。

孩子刚上小学一年级时，有一次兴冲冲地把他的作业拿给我看，我想，他肯定是要等待我的表扬，但是我却当着他妈妈的面，大声地说："写得这么差，重新写！"甚至我还把他用握不稳笔的小手，费了九牛二虎之力终于完成的作业撕掉了！记得孩子哭着开始了他重写作业的艰难旅程。

我不知道孩子是否还记得这一幕，他现在上大学了，从来没与我提起过。但是，我却永远记得，有时回想起来，心都在颤抖。从我孩子成长的历程中，我能隐隐约约地感觉到，我那次的冲动、错误的行为，对他的成长是多么的不利。他有时的胆怯，有时的反抗，有时的焦虑，有时的自卑……都与那次冲突是有关的。

说句实话，像这样的场景发生过不少次。现在，当孩子与我交流时，我都不敢正视他。我知道我做错了好多事。彼时，我为什么不能沉住气，小心翼翼地与孩子沟通交往呢？

后来，我又读到丰子恺先生回忆自己老师李叔同先生的文章，文章中李叔同先生对待学生的做法，让我感动不已。

有一个人上音乐课时不唱歌而看别的书，有一个人上音乐课时吐痰在地板上，以为李先生看不见的，其实他都知道。但他不立刻责备，等到下课后，他用很轻而严肃的声音郑重地说："某某等等出去。"于是这位某某同学只得站着。等到别的同学都出去了，他又用轻而严肃的声音向这某某同学和气地说："下次上课时不要看别的书。"或者："下次吐痰不要吐在地板上。"说过之后他微微一鞠躬,表示"你出去吧"。出来的人都脸上发红。

又有一次下音乐课,最后出去的人无心把门一拉,碰得太重,发出很大的声音。他走了数十步之后,李先生走出门来,满面和气地叫他转来。等他到了,李先生又叫他进教室来。进了教室,李先生用很轻而严肃的声音向他和气地说:"下次走出教室,轻轻地关门。"就对他一鞠躬,送他出门,自己轻轻地把门关了。

李先生做教师,以身作则,不多讲话,使学生衷心感动,自然诚服。他话很少,说时总是和颜悦色的。但学生非常怕他,敬爱他。李先生的教育是"爸爸的教育"。

读完丰子恺先生的文章,我想到了自己。做老师时,我也做错了好多事。比如:当着全班同学会大发雷霆,有时还会当着大家的面批评一个学生,恨不得把他的缺点、错误全部挖掘出来;有的学生破坏了一件公物,便不依不饶;有的学生闹矛盾,便不分青红皂白把两人狠狠批评一顿,甚至要求回家反思;等等。当时为什么不等一等,问清楚事情的各种理由,弄明白矛盾背后的原因呢?虽然我的学生们都依顺了我的管理,遵从了我的处理意见,但是,现在想来,我是多么的愚蠢。

人都是在犯错误当中长大的,我那时为什么会不允许学生犯错误呢?美国当代名师莎伦·德雷珀说:"犯错误是最好的学习方式。"心理学家盖耶说:"谁不考虑尝试错误,不允许学生犯错误,就将错过最富有成效的学习时刻。"放弃经历错误,也就意味着放弃经历复杂性,远离谬误实际上就是远离创造。允许错误存在,实际上是给予学生自主处理新问题,学会在复杂情境中进行辨别、分析、判断、推理的机会。

允许学生出错,容忍学生出错,就是尊重学生的劳动,尊重学生的生命,尊重学生的人格。我现在终于明白了一个道理:可怕的不是孩子犯错误,而是教师错误地对待学生的错误。

我曾经犯过多大的错误啊!

之于我的孩子,我的学生们,我感觉对不起他们。虽然他们现在都发展得很好,也很尊敬我,但我的一些不符合规律、随意的行为曾经伤害过他们啊。

幸运的是，现在，我变了。我由原先的大声说话变得轻声细语，让他们感觉到我在与他们平等对话；由原先的当众批评变成个别交流，给他们留一条自我改正的通道；由原先的咄咄逼人、居高临下变得宽容和善，等等孩子们，给他们一次辨别、判断，甚至创新的机会。

我认为，孩子表现得难以管教并不是一件坏事情，它是一种觉醒，是对传统的家庭教育观念和对学校严格死板教育体系的抵触，是对自由、民主、个性、诚信、人文和理性等现代教育思想和学习生态环境的呼唤。

因此，需要改变的不是孩子，而正是我们大人自己。一名家长，一名教师，面对自己的孩子、自己的学生的成长仅有强烈、主动的愿望和诉求还不行，更关键的是要善于在自己的教育观念和行为遭遇阻碍后，能够自觉地审视自己的主观和偏见，重建教育观念，重构自我成长的方式。

我要说一句话，家庭并不一定就都是温暖的港湾，学校也不一定就是教育的圣地，有时它们是会伤人的。这种伤害会伴随着孩子的一生。

今天，我在反思自己。这就是我的观念和行为遭遇孩子抵抗（这种抵抗有时是无声的）后的切身体察，这是一种对过去教育手段的虔诚的忏悔，是一种对人性和人的生命困境的深刻的同情。

所有做父母的可能都能回忆起这样一种场景：当你的孩子被你管教训斥以后，孩子会抹干眼泪，主动走近自己，表现出对父母的爱，而此时，才是最佳教育机会。

我们做教师的和做家长的，应该时刻记住：永远用理解的目光看待孩子的各种行为，关注他行为背后的思维、观念与故事，甚至有必要追溯到他的童年生活和生命背景去寻找教育的机会。

您对孩子的错误的一次宽容，也许会成就孩子今后的美好人生；您轻声细语的批评、举止文明的劝诫、等待与倾听的姿态，会变成孩子成长的基石、成功的支点。

破解家庭作业的迷思，追求专业减负的自觉

中小学生课业负担过重，是一个全国性的老大难问题。在所有教育问题中，作业成了最容易让人情绪化的领域之一。教育部曾先后多次下达"减负"的要求，但是由于种种原因，"减负"政令仍难以有效落实。"应试教育"下所形成的沉重课业负担，已成为制约学校发展的痼疾，成为消耗教师精力体力、抹杀教师教育智慧的顽症，更成为阻抗学生思维开发和兴趣特长发展、损害学生身心健康的杀手。过多的低效书面作业使孩子失去了快乐生活的自由，导致了家庭教育子女矛盾的积聚。

一、家庭作业何以成为"规训"学生的工具

缘于繁杂繁重的家庭作业，学校会制定措施，想办法为学生减少作业量，为其减轻课业负担。但是，学校明确规定了课下作业量和作业类型，靠谁来负责落实？即使你每天在认真检查作业布置情况，也很难控制一些隐性的作业。比如有的老师会对学生这样说："这些题可以不做，但下节课我要讲。"有了这样的暗示，学生就不敢不完成了。学校不允许布置课下书面作业，但我可以布置背诵作业。甚至有的老师要求学生不要告诉检查者布置了作业，当检查者问卷调查或询问学生时，学生便隐藏了事实。

过多的作业汇成了题海，成了应付考试的常规战术，教育成了一种单纯的训练，一种纯工具性的机械练习。这是我在曾工作过的学校推行作业减负时遇到过的尴尬情境。

大家都知道家庭作业传统的功能，简言之，它是学习、理解、消化、巩固所学内容的有效方法。作为教师，当然是不想放弃这种课下还能继续学习自己学科的绝好机会的。在教育评价制度和人才选拔机制都还没有做

出满意的科学调整的情况下，任何强行要求教师放弃家庭作业的做法，都会遭遇多数教师的抵制。因为，一个教师要想取得我们常所说的"教学成绩"，他必须让学生在自己的学科上投入更多的学习时间，而各学科教学时数一定时，教师必然要想办法去占用学生的课余时间。要想更多地占用学生的课余时间，一个简单的办法就是布置作业，布置比其他老师更多的作业。

不少家长认为：家庭作业可以让自己了解学校的想法、教师的教学情况；家庭作业有助于学生在课下管理好自己的时间，充实学生的课余时间；家庭作业是保持学生竞争力和提高学业成绩的重要方式。有家庭作业，家长就能够看见自己的孩子在学习，就能够掌控孩子的学习情况。最为可怕的事情是教师和家长会以管理学生的家庭作业为由，不约而同地成为利益同谋者。为了学生"完成"或"正确地完成"家庭作业，教师和家长很容易加强彼此之间的联系，频繁电话沟通、朋友圈晒作业、邀请家长到学校等现象就出现了。

我们的孩子就是在这样的悖论下，变成一个个被家庭作业"规训"了的儿童。他们一旦没有家庭作业可做，便不会去主动学习，甚至是根本不会学习。当家庭作业成了学生课余的主要生活内容，独立思考和终身学习的习惯便很难在学生身上埋下希望的种子。

二、如何还孩子一种学习的真相

记得我们小时候上学时发明了不少逃避作业的办法。比如看老师下菜碟，如果某个老师比较温和，就干脆不做，碰到严厉的老师，特别是次次查作业的老师，知道没有侥幸的机会，无论如何也会硬着头皮做完。遇到老师突击检查，就谎话连篇，比如作业丢了，落在家里了，昨天家里停电了，来客人了……当然，那时父母多不识字，没有能力也没有意识关注孩子的作业问题。

现在的孩子却没有我们那时幸运，他们根本没有逃避作业的机会。多数家长和老师会认为：孩子课下如果不写作业，不上辅导班，岂不白白浪费了宝贵的时光？放弃家庭作业会造成他们心中的恐慌，害怕自己孩子被勤奋学习的孩子落下。

家庭作业相对于孩子的其他各种学习活动，是一种假象还是一种真相？《家庭作业的迷思》一书的作者计算了家庭作业的成本：不堪重负的家长，重压之下的孩子，家庭冲突，自由时间基本丧失，学习兴趣减弱，不良习惯滋生，等等。我还感觉到一种现象：减负喊得越响，孩子作业负担的步伐迈得越快，花样越多。尤其是"互联网+"时代，在传统纸质版线下作业还没来得及更新转型的基础上，又加上了线上的各种作业。

非常值得深思的是，现在的多数人都已经明白这样做不利于孩子的身心发展，是在做着未来会悔之晚矣的蠢事。但是为什么布置作业却仍然在一代代地重演？这种明知故犯的思维惯性为何有如此大的力量？

我想大家可能都会拿出这样的理由：我们不想失职，我们应尽教师和家长的责任。这样的理由，促使我们想当然地把学习的责任留给了学生，而不再去想其他更有效的办法和策略去激发他们的潜能，点燃他们的兴趣。大家其实都不自觉地选择了一种简单的做法，大家认为作业是最容易操作的管理孩子学习的方式。这是以自己的懒惰态度与对学习实质的误解来管理孩子学习的教育方式。

看着孩子每天趴在书桌上忙着做作业的情景，我们都会感到有些心安，但是大家知道吗，因为作业多，老师没办法也没时间用心设想更加有效、有创意的作业，而是布置一些抄抄写写的或是重复性、机械性的作业，批改时就是一个对号或错号，或者只是签字写上日期。学校因教师间不正当竞争而使教育失去它的本真，无暇去设计为了育人目标的课程与活动，致使学生不能全面发展、个性不能张扬，缺乏创造力和实践能力，失去了身心健康。教师不再认真备课，致使课堂效率低下，只好用作业来补救。孩子的未来岂一个"心安"能够搪塞？

当然，全国各地的学校从来没有间断过有关作业的教育实验，比如分层型作业、社会实践型作业、探究型作业、听说型作业、游戏型作业等，又如学生自主选择作业的探索、错题完善作业的创新、家长签字学生作业免除的尝试等。

这些改革尝试，都很有创意，也不乏良好效果的显现，展现了国家与众人对孩子课业负担太重的关注以及希望解决的决心，但是遗憾的是，他们都无法跳出"布置家庭作业"这一惯性思维方式的藩篱。

山东省东营市利津县北宋一中是一所普通的农村学校，我在任其校长时，曾在2008年3月毅然提出了"'零'作业下的教学改革实践"这一改革行动，其实践成果还获得了2014年首届国家级教学成果奖评选的二等奖。改革虽然很难用一些词汇来评价是否成功，但其精神与意义却向世人证明了该项改革的可能性。因改革，家庭作业假相被撕裂，一些学习的真相逐渐显现，并自觉纳入改革的视野之中。

当"家庭书面作业为零"这项政策确定后，便自然引发教师去思考再也没有课下家庭作业后的课堂是什么样子，该怎样备课，学生课下可以做什么、怎么去做，需要家长怎样的观念来主动配合等诸多问题。

我们应该反思一下这样一种基本逻辑：规律地习惯地布置家庭作业，给孩子一些功课回家是常态，没有家庭作业则是例外，甚至被视为不负责任。我建议，学校和教师应该首先设定"没有家庭作业"为内定值，只有当作业真的重要而值得时才能布置。

三、到了该追求专业减负自觉的时代了

在以纸质考试为主的选拔机制下，作为一名教师，要想取得理想的成绩，最简单的方法不是把握好课堂内的时间，就是争抢课堂外的时间。同班级不同教师之间有竞争，同年级不同学科之间有竞争，在课时一定的条件下，教师很容易把目光盯向课余的时间。

我可以描述一下学生在学业任务上之所以产生负担的外在原因。比如：语文学科布置半小时的作业（不多），数学布置半小时的作业（不多），还有英语、物化生、政史地等，当每个学科都在布置作业时，累加在一个学生身上就是过重的负担。当过多的作业学生不得不完成时，虽然花费了大量的时间，但是其质量却得不到保证，只是疲于应付任务。其实教师也没有精力认真批阅学生所有的作业。这样一来，真正需要在课堂上处理的重要问题却丧失了机会，学生在课堂上无法产生真正的学习，教师也无法顺

利完成自己已经预设好的任务，于是教师就会以课下作业的形式要求学生在课下完成，形成了低效往复甚至无效循环的恶性生态。在这样的学校管理背景下，一系列违背教育规律的现象就诞生了。

上面我分析了学校内时间博弈因素给学生造成的负担，其实最根本的因素是有些教师没有把握好课程标准、教材编写、课堂教学、考试命题、管理评价等一系列专业方面的科学依据与有效操作。有些学校的管理者，致力于行政推动，欠缺真正从专业方面进行有效管理和清晰引领的意识和能力。

当然，学生负担过重的原因很复杂，比如还有来自家庭教育、社会政策、评价体系等方面的因素，在此不再赘述。对于一所学校和教师来说，有些因素是自己左右不了的，学校和教师要做的是，使自身具有专业减负的自觉，主动去寻找更加专业的减负策略，让学生的负担真正降下来，实现学生快乐高效地学习。否则，减负问题只会出现隔靴搔痒的现象或雷声大雨点小的局面。

那么，如何才能解决好家庭作业负担过重的问题呢？我曾经在多所薄弱学校工作过，我有自己一直坚持的观点，也是我一直坚持的务实行动：学校要主动自觉地行动起来，而不是仅仅依赖外部的力量，不要为学生课业负担重寻找各种理由开脱，而是要直面现实问题，动真碰硬，体现出教育工作者应有的责任担当，向课堂改革要效益。

要时刻抓住追求课堂高效益这一关键要领，需要教师观念的转变：由重教到重学，重问题的生成、思维的碰撞、精彩观念的诞生、当堂的反馈与达标等。当该完成的任务在课堂就能解决时，教师布置的课下作业就会减少，教师就会自觉设计分层作业，设计具有创新性、实践性、生活性、研究性的作业，甚至不布置课下书面作业。学生会因轻松而愿意学习，享受到学习的乐趣。

学校应采取措施，协调各个学科之间、各个教师之间作业布置的质量与数量，要求教师精心备课、精心选题、精心批阅、精心讲解，自觉进行课堂变革，在课堂上更加关注育人功能，提升学生的关键能力与必备素养。还要组织各种活动，鼓励教师开发精彩课程，创新多种学习方式，创设优雅轻松的环境与文化。学校要积极培训教师，提升教师的专业能力与道德素养等，为减负做好各种支撑性工作。

比如，在我目前就职的学校，我没有过多地强调家庭作业的功能与重要性，而是把更多精力放在了课堂教学改革上。在与学校教师多次研讨论证后，我提出教师要在新学期将课程教学目标、内容、任务、方式等进行高度整合，实施"大概念统摄下的单元教学整体设计"。这样可以使非连续单元得到一致性关注，以"主题"的方式引导教师更为充分地揭示知识之间的纵横关系，实现跨学段、跨学科课程内容的联结，从而使学生获得解决问题的能力，并在新的问题情境下迁移应用所学的知识。

我们也关注学生的课下学习，但更多考虑的是非书面的作业。学校对新学期的劳动教育课程体系进行了重新设计，如为每个班级开辟劳动基地，充分嫁接学校保安、保洁、厨工、门卫等岗位，把家庭日常生活性劳动课程、生产性劳动课程、服务性劳动课程结合起来；同时，在学校其他课程中有机融入劳动教育内容，在家校社协同育人过程中注重以劳动课程为媒介。

学校在疫情期间还应时探索了一种以家庭为载体、学生自主参与的"微型学习中心"，开设学生组织、人人为师的线上微讲座，即"育英大讲堂"课程等。学生运用这个中心学习自己喜欢的知识，在学习过程中表现出较大兴趣，且表现出较强积极性。而且，由于这一中心线上线下都能组织运行，较为适合成为学生常规的学习方式。

2021年1月7日至8日，全国教育工作会议召开，会议强调"抓好中小学作业、睡眠、手机、读物、体质管理"，这就为进一步探索家庭作业管理，寻找更加科学的导向、资源、途径和方式提供了信心与支持。

作为一名校长，我希望每一名教育工作者和家长，能够从敬畏学生生命、挽救孩子童年出发，以真正落实立德树人根本任务、培养德智体美劳全面发展的社会主义建设者与接班人为使命，自觉地从根本上重新认识整个教育领域的课程目标内容、教学方法方式、管理制度机制、政策改革创新等因素，从社会、学校和家庭等各个领域，以整体的教育观念和系统的策略规划去展开教育教学研究与实践。唯有这样，我们的中小学教育才能彻底改变生态，学生减负的问题才会迎刃而解。

第二辑 钻研教学驾驭课堂

本辑导读

有人在印度的贫民窟里做了一个实验:把一台电脑镶嵌在贫民窟的一面墙里,没有留下任何提示,只是留了一个摄像头进行记录,结果发现贫民窟的小孩都来玩电脑。半个月后,当他们来调查的时候,发现几乎所有的孩子都能很熟练地打开网页,播放音频、视频,他们的操作水平跟我们认真在学校学过的差不多。

由这个故事思考开去,什么样的课才是一节好课?干货满满?信息量极大?老师讲得嗨,学生听得嗨?倘若课上很激动,课下不行动,这样的课堂就像老师捧着金光灿灿的珠宝走进教室,在学生面前一一展示,随后又捧着珠宝离开了教室,虽然让学生开了眼界,但学生的实际收获却不大。

在互联网时代,我们应该把学习的主动权还给孩子们,让教师从"主演"变为"导演",学生从"观众"变为"演员"。这种全新的课堂管理方式,核心是教师要勇于和学生主动相遇,而非被动地驾驭。

本书所倡导的教学是知识的"交流",不是图像的"复制"或"再描绘",不是"灌输",而是"再生成"。作为教师,最重要的不是教授知识,而是陪伴思考,不仅要让学生学会解决单个问题,更关键的是解决一类问题。在这样的课堂里,流动的不仅仅是知识,更多的是问题、能量和情感。

西方有句教育格言:"学生有提问的权利,老师没有直接给答案的权利。"你每一次给学生答案,等于扼杀了他自己探索从而得到知识的机会。还给学生"阅读青草,阅读蝴蝶"的空间,留给学生可以"一个人面对着天空发呆"的时间,把课堂作为校园和社会的纽带,作为理想和现实的桥梁,使学生坚定而无所畏惧地走向未来。

如此,我们所面对的珍贵生命才不会在平庸之地上滑移,而是不断地升华,从而放射出精神的光芒……

越来越多的童年

美国作家尼尔·波兹曼曾深深地忧虑于"童年的消逝",疯狂的大众传媒和成人化的期待,让童年过早地远离了正在成长中的青少年儿童。伴随着城镇化的进程,伴随着合班并校的推进,伴随着学校学习任务的扩张,学生正在远离"阅读青草,阅读蝴蝶"的空间,也在失去"一个人面对着天空发呆"的时间。中小学生学习和生活生态的恶化成为一个不可回避的社会问题,急需来自学校教育内部的理性应答。

《国家中长期教育改革和发展规划纲要(2010—2020年)》将"调整教材内容,科学设计课程难度""提高教师业务素质,改进教学方法,增强课堂教学效果,减少作业量和考试次数""培养学生学习兴趣和爱好""充分发挥家庭教育在儿童少年成长过程中的重要作用"等义务教育诸多领域要实现的目标统一到"减轻中小学生课业负担"这一主题之下,我们是否意识到,责任该如何担当?更重要的是,路径该如何寻求呢?

我从2007年开始,亲自上着一个班的英语课,与山东省利津县北宋一中的老师们努力用"零"作业支撑学生应有的童年经历,并以嵌入课程的课堂教学改革来努力靠近教育的本质。

一、"零"作业:意义不仅在当下

"零"作业,在这样的教育理念与选择之下,我和我的老师们一干就是八年。而这八年,是伴随着质疑、伴随着自我怀疑走过来的,即便得到了省教育厅以及社会各界的肯定,不绝于耳的质疑声还是让北宋一中的师生们感受到了巨大的压力。

然而,对比之下,我却看到了"零"作业承载的堪称"伟大"的价值,得此判断的依据在哪里呢？试着从一个反例说起。

某校一位初中二年级的学生家庭作业很繁重，虽然单学科作业并不多，但语文、数学、英语、物理、生物、历史等学科都有作业的情况下，学生写作业往往超过了晚上11点。其实我们可以不必停留在课业负担重等问题上，我们可以深度地透视其中的问题。

为了保证完成更多的作业，学生和家长都选择了一个非常简单有效的策略——"先做会做的作业"，因为作业量达到了学生根本没有时间就某一个问题深入思考的状态。如此一来，学生晚上四个多小时在做的作业大都是"已经会了的"，也就是在重复自己的已知而不是探究新的未知。而对于实践性的、探究性的、有思考价值的作业，学生选择了延迟去做或者干脆不做，久而久之，学生深入思考、深入探究的意识和能力就这样消磨掉了。

其实，作业量越大，学生就越容易进入机械重复的状态，不自觉地走到了浅层次的学习中来。

我们还依稀记得一个有关考试的忠告：先做会做的。

是啊，从作业到考试，传递给学生的信息成了功利至上、思维次之，学生牺牲了深刻的学习过程换取了单位时间里的学习数量，这样的学习价值取向，牺牲掉的将会是一批批孩子的思考力。

2002年获得物理学诺贝尔奖的小柴昌俊教授曾说：走别人的路是愚蠢的，探知未知的领域，没有人教你，也不知结果会怎样，但要珍视这种探知的直感和欲望，而这种直感越磨越有价值。不分白昼，从里到外冥思苦想，却能萌生灵感和创意。这是基础研究，100年后也不知其有没有实用价值，但这是对人类文明和知识财产的贡献。

我们，还有我们的学生，还有基础研究吗？能够在何时在多大程度上给"人类文明和知识财产"带来贡献呢？

当作业成为重复别人乃至自己的路，继而引导学生远离冥思苦想、远离百思不得其解的"研究之魅"时，我们还能对大量的作业等闲视之吗？

从这一点上来说，我提出并实践了整整八年的"零"作业改革，就不仅仅是减轻学生的课业负担那么简单，我们要换回的是真正的有意义的学习,甚至是激活我们民族的思考力。

那么,"零"作业改革真的能够承载这样的历史感吗?

学生说得真好:"自从老师们不再布置课下作业,我们自主学习的时间就更多了。自习课是我们自己的时间,利用自习课,我们学会了很多东西。给自己制订一个新的学习计划。自习课上,我们可以预习新课,这样,在上新课时就能分析得更透彻明白,加深对课文内容的理解,还可以复习学过的知识……我们根据自己的计划去学习,按照适合自己的方法去做,不但使我们充分利用时间,提高成绩,而且让我们学得比较轻松,做到劳逸结合,减轻了我们的学习负担。"

是啊,"零"作业不仅是"减轻了学生的课业和心理负担",最重要的是还给了学生对于学习的自主支配权,学生能够张弛有度地对学习过程进行自我控制,更多的时间成为学生自己的。

或许还有个问题,学生消磨、浪费时间怎么办?是的,这种担忧不无道理,事实上也是存在这种情况的,问题是,教育所面对的"人、社会、自然"是一个相互依赖的整体系统,三者之间是需要慢慢融合、慢慢理解的,人具有主观、能动性,但是必须经历一个具有反思性的结构过程才能够成为社会、自然的真正一员乃至主人。那么,充分的时间就是必不可少的。

从另一点上来说,人的兴趣从根本上来说来源于自己内心的唤醒,虽说可以被外界的刺激唤醒,但更多的是内心的需要。被自己自然唤醒的兴趣是持久的,是具有动力的。而自然唤醒,也有赖于时间的拥有。

从这一层面,我们可以透视北宋一中"零"作业改革超越教育本身的哲学价值和学习意义,这是寄寓着对"人"的内在需求充分理解和信任的改革。

"零"作业自然不会成为我们登上人类知识与文明的顶峰的路径,但是,这至少创造了一种可能。我们可以相信,这扇门的推开,于平静中孕育着惊雷。

至此,我们是从一个理性的视角来看待"零"作业,还没有靠近北宋一中的课堂,然而,课堂教学的改革因"零"作业已成为另一种"生于人心"的必然。

二、学习型共同体的开放教学范型

"知困,然后能自强也。""零"作业改革让原本对课堂程序、目标了然于胸的老师们对课堂有了不理解,这种不理解真的能带来老师们的"自强"吗?我期待着:推行"零"作业,截断传统的教育思维和运行路径,让老师重新思考和实践教育原本的东西。

程桂霞老师深有感触地说:以前的课堂拼的是时间,现在比的是教师的教学能力;以前的课堂是以传授知识为主,现在是以传授方法为主;以前的课堂是教师唱独角戏,现在的课堂是所有学生展示才能的大舞台;以前的课堂学生昏昏欲睡,现在的课堂学生个个跃跃欲试;以前学生课下搏击于题海之中,满脸倦容,现在的学生时而积极预习,时而查阅资料,时而及时复习巩固,脸上洋溢的是充实和微笑。

为什么会产生这样的变化呢?

刘美娟老师是这样细数自己的思维变迁的:推行"零"作业,所有教学内容都要当堂完成,学生有大量的自习时间进行自主学习,如果学生没有自我学习的能力,就达不到"零"作业预期的效果。这就要求教师必须改变传统教学中的"灌输式"和"填鸭式",改变学生被动接受知识的状况,着力培养学生科学的学习方法和良好的基本技能,提高学生善于提出问题、解决问题的能力以及终身学习的能力,也就是我们常说的,要"领着学生走向知识",要"授之以渔"。

教育改革的亲历者、实践者道出了其中的奥妙与智慧。

借助事物之间的联系往往能使人们找到破解难题的突破口,很多学校立志于教学改革却常常努力后换不来期待的成果,其中的一个重要原因就是从教学本身入手,孤立地进行方向正确却单一的改革,没有不同事物间的相互促进乃至制约(有时制约也会成为一种内在变革的动力)。而利津县北宋一中的课堂教学改革却是从学校刚性地推进"零"作业改革嬗变而来,体现的是学校对于教育生态的系统建构。

当然，转变也不是自然而然的，需要学校的配套措施。学校规定：各年级设立公共自习课，在公共自习期间一律不准布置任何形式的课下书面作业，也严禁让课代表布置隐性作业；教师要根据课堂时间为学生安排恰当的任务，布置的任务必须当堂完成，收齐上交，严禁通过提前发放或拖后上交来占用学生时间；严禁教师在学生休息的时间布置任何形式的任务，特别是具有一定惩罚性的任务。这就从"零"作业升华到了"零"作业下的学生自我教育。

我曾不止一次走进老师的课堂，在课后与老师们讨论的时候，往往无法很快地结束，因为老师们的研究热情太高涨了。我被感动着也被牵引着，很快就融入了研究的氛围，我想，这就是北宋一中教学改革的独特魅力所在。

走进崔金英老师的语文课堂，和同学们一起学习《乡愁》，我参与到了这样的教学流程中：目标定向—学生先学—合作探究—点拨拓展—反馈评价—推荐阅读。学生们以教材为工具，以小组内、小组间的合作为基本形式，进行了大量的参与式学习，既有自主感悟，又有理性的思辨，让课堂的深度得以挖掘。结课环节，学生的想象以及席慕蓉等诗人乡愁诗的补充，拓展了课程空间。

鲜明的北宋一中课堂立了起来。

北宋一中的教学既有着教师个性的闪现，又有着较为统一的实践规律，统一与释放在这里结合得极为紧密。其中，建立"学习型共同体"是核心要素。

班主任和任课教师依据学生的学习水平、性别、个性、心理素质、发展潜力等综合因素，于每学期开始前，将班级中的学生平均划分成相对公平的10个左右的单元合作小组，形成A、B、C、D四个层次，如A层次就是由10个小组的A层同学组成的，B层次则是由10个小组的B层同学组成。"学习型共同体"有一套规则，就是必须先把机会让给D层次学生，然后是C层次学生。这就形成了组间同质、组内异质、同组合作、同层竞争的局面，有利于组与组之间的公平竞争，也有利于组内成员互相帮助、取长补短。学校班级里一切形式的评比都以小组为单位。

许多教师对此进行了创造性的实施，比如聂伟伟老师在熟练运用四层次小组的同时，还把每组相同层次的学生组建成四个小组，其名称分别是实力组、潜力组、奋进组、勤奋组。这两种小组在课堂上横纵交替使用，同时还巧妙地解决了小组合作学习中人为地把学生分为四个等级的弊端，体现了"学习型共同体"建设的科学性。

既有范式约束，又有个性张扬，这是学校教学改革必然的和合之路。脱离了范式的整体改革被证明是没有推进力度的，即便个别老师一时悟到了教学真谛继而生成了自己的教学主张也难以影响全校，更不可能改变学校教学全貌；完全刚性的教学模型推进，则忽视了教师作为教学改革主体能动性的发挥，千课一貌的现象是完全背离学校教学改革的价值性的。北宋一中的教学改革因"零"作业而产生，又注入了基本规范的约束，因此，成为意义深远的开放性教学范型。

北宋一中实现了从"课堂教学"到"课堂学习"的转型，课堂基本要素显现为"前置性学习任务、诊断性预习梳理、关键性递进问题、针对性共同作业和生成性学习指导"。其实，整个教学过程成为一个完整的课程体系呈现在学生面前，学生有知情权，学生有对课程的整体掌控力。

三、课外学习的拓展

"双休日（节假日）生活指导纲要"以一周为单位，为学生提供丰富多彩的综合实践活动，要求教师为学生提供广泛的学习资源，并布置有益于孩子健康成长的活动，做好学生的生活指导，真正把时间、健康和能力还给孩子，使孩子过一个既充实又轻松有收获的双休日或节假日。这是校本课程建设一种新的尝试与探索，实现了国家课程与实践活动的有机结合。

刘勇老师设计的双休日（节假日）生活指导"情系西部小伙伴"手拉手活动，引导少年儿童为西部小伙伴献一份真诚、一份爱心；帮助小学生了解国情，了解西部；帮助小学生在关心他人、服务他人的同时，逐步形成友爱待人的情感、乐于助人的品格。从"活动要求"到"背景资料"的充分提供，再到学生的"活动感悟"，一个活动型综合课程诞生了。

双休日（节假日）生活指导是山东省规范办学和学校改革背景下的创生性课程成果，它从此结束了老师机械布置双休日（节假日）作业的历史。

综合建构学校校本课程体系一直是我的办学理想，而这一理想也已初见端倪。课程纲要以及学校校本课程的开发，让北宋一中的学生"零距离"接触到了最优质的教育，学校课堂也从最初的因困而变、规划设计，发展到现在的走向卓越。

还要再一次观照我们的学生，"零"作业背景下的课堂教学改革最终是要在学生那里发生教育的意义，而目之所及，学生的发展就在眼前。

林晓伟同学大声喊出了"零"作业万岁，他兴奋地说："实施'零'作业后，我们的学习环境得到了很大改善，大脑也清醒了，上课精力集中了，我们的学习成绩也不断提高了。"

在北宋一中，不只是这一个同学有这样的欢呼，"零"作业以及"零"作业背景下的教学改革赋予了学生学习的自主主动权，学生从学习本身发现乐趣，凝聚为一生的发展动因。

当然，学生的发展受多重因素的影响，单纯的一项改革不可能完成所有的教育任务，北宋一中正在做着更宽、更深的努力。如此一来，教师和学生双双减负，自由的思考回来了，智慧在这里产生，生命在这里绽放，公民在这里诞生。

"全学习"课堂：让教学变得更智慧

2009年3月20日，著名学者陶继新先生曾经与我通过QQ进行过一场关于"'零'作业教学改革实践"的对话。2016年7月8日，我调往北京市育英学校密云分校再次担任校长，是继续原先的实践探索，还是在此基础上又有所创新与突破？2020年1月10—12日，陶继新先生再次通过QQ与我进行了一场对话。下面把关于教学改革内容的对话呈现出来，期待大家的指导。

【李志欣】学生的个性得以释放，有了机会全面发展；教师的职业得以解放，有了兴趣自觉成长；学校文化环境得以重建，"全学习"生态系统全方位指导和引领学校的改革与创新。课堂是育人的主阵地。教育部前部长陈宝生曾说过："课堂是教育的主战场，课堂一端连接学生，一端连接着民族的未来，教育改革只有进入到课堂的层面，才真正进入了深水区。课堂不变，教育就不变，教育不变，学生就不变，课堂是教育发展的核心地带。"

那么，"全学习"理念下的课堂是什么样的呢？以学习者为中心推进"全学习"，"全学习"让课堂变得更"智慧"。

结合学校多年的实践经验，学校目前把理念要素规定为"成果目标、优质问题、学习活动与嵌入式评价"四个方面。

【陶继新】不在这个"核心地带"去动"手术"，学生就不可能更好地发展。近年来，课堂教学改革的典型不断出现，以至于学习者走马灯式地前去考察与学习，可是，真正能够"拿来"立竿见影者却是"几希矣"。之所以出现这种尴尬的局面，是因为没有在立足之地上进行深入的研究，所以，出现"水土不服"的情况也就在所难免了。你们的"全学习"课堂则不然，它汲取了他人真正有用的经验，却又不是纯然地"拿来"，而是根据你们学校的情况，你之前课堂教学改革的经验，以及你和老师们的实践、思考和研究，去伪存真，去粗取精，从而形成了具有你们学校特点的课堂模式。

【李志欣】"全学习"的课堂成果目标是指"预期的学习结果"，是学生在一节课当中应当知道、理解或能够做的事情，是完成某项学习任务的结果。实施过程中，需要具体注意以下四个纬度的设计：一是行为主体，要以学生为主体，而不是教师；二是行为表现，关注怎么学、学到什么，明确可操作的具体行为；三是行为条件，关注范围条件，旨在说明"在什么条件下做"；四是表现程度，关注学到什么程度，旨在说明"有多好"。

【陶继新】这四个维度都很重要，而其中的行为表现尤其应当引起教师的关注，不是教师教什么，教到什么程度，而是学生怎么学，学到什么。学生是学习的主人，只有他们会学善学了，学习才能实现高效率与高质量。恰如中国第一篇教育学论著《学记》所言："善学者，师逸而功倍，又从而庸之；不善学者，师勤而功半，又从而怨之。"意思是说，善于学习的人，教师费力不大却可以达到事半功倍的效果，而且还会归功于老师；不善于学习的人，老师教得非常辛苦可效果却是事倍功半，而且还抱怨老师。纵观真正在教学改革中抵达高效境界者，无一不是在学生善学上下了一番大功夫的。如果只是表面热闹，而不是从善学这个根本上下功夫，大多只能喧嚣一时，不久便会因学生学之甚少、成绩较差而归于失败。

【李志欣】所谓"优质问题"也可以理解为"核心问题"，是相对于课堂教学中那些过多、过细、过浅、过滥的提问而言的，是指在教学中能起主导作用和能引发学生积极思考、讨论、理解的问题。教师在设计问题时，要凸显"思维成果"，变封闭性问题为开放性问题；不要内含答案，明知故问，只是让学生简单迎合；要把问题变成一种对正误的判断；要把记忆性问题变为分析比较、异同对比、分类和寻找例外情况的问题；不要只求答案，更要关注如何得出答案……

【陶继新】"关键问题"与"思维成果"，说得好！课堂提问绝对不是越多越好，而是越精越好，关键问题要提得好。关键问题多能在课堂教学中起到牵一发而动全身的作用。因为关键问题解决了，其他问题也大都可以迎刃而解。同时，在教学中长期关注关键问题，还会在教师、学生心里积淀下一种积极的思维，即从看似纷乱的问题中，去粗取精，寻觅那最有价值的关键问题。这种能力的形成，对于解决其他问题乃至未来的发展，都会起到极其重要的作用。

【李志欣】学习活动包括学生个体的学习活动、群体的协作活动、师生的交互活动。教师进行教学设计的核心是活动任务的设计，如协作学习活动设计的基本流程是"确定学习内容、明确小组成员分工、搜集学习资料、小组合作完成作品、展示学习产品、师生评价总结"。

【陶继新】在学生个体活动时，要激活自我学习的动力，培养独立探索问题的能力。教师尽量不为学生提供相应的学习答案。俗话说："师父领进门，修行在自身。"人们往往将它视作学习中的一个真理。固然，这有一定的道理，可是，《学记》里说得更好："开而弗达。"教师不把学生领进门，而是要让学生自己打开知识的大门，自己去探索那片神秘的未知世界。这样，学生就会独立思考，并研究如何才能获得知识女神的眷顾，从而提升自我探究的能力。在协作学习中，除了你上面所说的途径之外，还要加强小组组织建设与文化构建，让合作学习成为常态，并让大家在这个过程中，形成终生受用的合作精神。在交互活动中，教师要有意识地示弱，让位于学生，只有学生确实解决不了的问题，教师才"千呼万唤始出来""语之"。不过，不要说得太多，而要像《学记》所说的那样："其言也，约尔达，微而臧，罕譬而喻。"

【李志欣】"全学习"课堂的评价不仅重视评价这一动作，还要求设计好量规。它是与学习同时发生的评价，将评价融合到教学的整个过程，评价不再是学习的终结，而是改进学习方法、提高学习能力的载体。它主要用于学生自我评价、自我反馈，是内在评价而不是外加评价。评价量规指向学生的问题解决活动，给学生搭建前进的台阶，让学生拾级而上。完整的评分规则包括"等级、要素和指标"三个部分。

【陶继新】设计并用好量规太重要了！这个量规，还让评价有了即时性的特点，从而让评价旋即产生作用，并在学生心里引起回响，产生良好的效果。另外，评价要以激励为主，学生在课堂学习中出现这样那样的问题和错误在所难免。而问题和错误的出现不但不可怕，有时还会成为课堂教学的一种有效资源。我在采访全国著名小学数学特级老师华应龙时，他就特别谈到了他的"化错教育"，并借此让学生走向了"不贰过"的高层境界。

【李志欣】以上四个课堂要素确立了"全学习"教学的新理念，让课堂学习由浅表学习走向深度学习，由任意为之走向专业设计，让"为什么教""教什么""怎么教""教得怎么样"这几个问题有了更加清晰、有效、科学的解决策略。

【陶继新】除了你上面所说的教师"为什么教""教什么""怎么教""教得怎么样"得到了有效的解决，还让学生知道"为什么学""学什么""怎么学""学得怎么样"。这样的教与学，才有了《学记》上所说的"教学相长"与"学学半"的妙趣。

【李志欣】另外，为了有效引领教师理解并把握新的教学理念，便于教学设计的精准操作，学校对教师的教学设计模板进行了结构化处理，用六个流程支撑"全学习"课堂的实际操作。同时，每一个流程的主题概念对应了新时期课程改革理念与新中考改革要求。有了这种具有专业思维的引领，老师更容易实现自己的教学主张，更容易摸准新时期教学的标准与要求，更容易基于学情与为学生未来而教提供更加丰盈、更加宽广、更加有价值的课程资源与学习要素，新的学习方式和学习场景会很容易赢得教师的青睐与尝试。

【陶继新】有了科学的教学流程，就会让更多的教师在教学中有规可依、有路可循，从整体上提高教学的效率与质量。尤其是习惯了以讲为主的教师，有了新的流程，就必须打破固有的模式，以学生学为主。开始的时候，也许有些不太适应，可久而久之，就会游刃于这种流程之中，不但会提高教学的效率，也会密切师生的关系，并让自己的教学走向更高的境界。

【李志欣】一是成果目标：教师诊断学生在单元自主学习中的学情，根据课程标准，师生共同确定本节课应达成的预期结果。确定成果目标的主体是学生，重要元素有学习的"条件"、学习的"量"、学习的"标准"。

【陶继新】正确的目标设计，会有效地提升教学与学习的效率；而师生共同设计目标，还会让目标更清晰地定格在教师尤其是学生的心里。这样，不管是教师教和学生学的时候，都会朝着这个正确的方向驶去。不但不会再走弯路错路，而且还会在"行走"的时候，更加心中有数，更加充满自信，也可以更好地走向高效的境界。

【李志欣】二是情境导引：教师根据预期结果、学生认知水平与身心特点，创设各种情境，激发学生的求知欲和学习兴趣，点燃学生的思维，使学生积极主动地参与课堂教学。

【陶继新】近几年，我不但采访了一批全国极有造诣的小学语文名师，而且还采访了不少小学数学名师。在听课与采访中，我发现了一个有趣的现象，就是他们的课堂上都有大量精彩的情境故事。在学生情趣盎然走进这些情境故事之中的时候，很多原本十分难解的问题，便顷刻间豁然洞开。由此我想到了你所说的情境导引，虽然你没有充分展开，却可以想象，正是在这些情境导引中，学生兴奋不已地投入到了学习之中，并走进了会学与乐学的天地。

【李志欣】三是思维对话：教师以问题引导学生，巧妙设置1～3个有思维含量的主问题，以挑战性任务或活动引导学生与文本、生生、师生等对话，逐步达到深度学习状态。学生在自学的基础上，以讨论、交流、竞争、辩论、分工等形式进行小组合作学习。学生的展示形式灵活多样，有个人展示、集体展示，有组内展示、组间展示等。教师要走到每个小组中，认真倾听、观察、点拨、强化、评价、落实，帮助学生进行有效活动，产生对话、激发思维、解决问题。

【陶继新】教师匠心独运设计的主问题，显然具有一定的难度，可它却可以让学生走进深学习与深研究之中。其实，学生学习质量之所以低下，在很大程度上是教师在课堂上设计的问题太过简单，甚至是明知故问造成的。那么，学生对如此之难的主问题能够很好地解决吗？事实上，很多教师低估了学生破解难题的能力。他们通过自我思考与共同研讨，很多主问题都能够解决。即使个别无法破解，教师只需循循善诱地点拨一下，也就不再困难。

【李志欣】四是拓展迁移：教师要突破传统教育教学观念，选择多种途径和手段，主动挖掘非常规教学内容的学习价值，拓展日常教学内容的边界，为学生提供更加广阔的学习资源和学习选择，培养学生应用、分析、评价、创造等多种能力。

【陶继新】叶圣陶先生说："教材只是一个例子。"言外之意，就是要教师为学生提供大量教材之外的学习内容。你们的拓展迁移，不正符合叶老的思想吗？事实上，真正有学习潜力的学生，几乎无一例外地都在课外资源的学习上获取收益，它不但会成为课内学习的一种有益的补充，而且还会大大开阔学生的学习视野，让学生走向一个更加阔大与更有价值的学习天地。

【李志欣】五是知识建构：教师以思维导图形式和师生更喜欢的方式，引导学生对知识进行梳理归纳，引导学生进行知识建构与归纳。

【陶继新】思维导图有利于学生梳理所学知识与建构知识系列，并在其大脑中构建起属于自己的思维体系。而当这一体系形成之后，学习就会从碎片化走向整体化，从零乱学习步入系统学习。

【李志欣】六是学教反思：针对本节课教—学—评的情况，师生课后共同反思，学生针对本节课的"收获—问题—解决办法"进行反思，教师针对"成功—不足—改进措施"进行反思。

【陶继新】孔子说："学而不思则罔。"《中庸》中有言："有弗思，思之弗得，弗措也。"由此可见，"思"对于教师之教和学生之学意义何其大也！师生正是在反思中，对原有问题有了更加深入的认识，甚至对以后如何更加有效地学习自我提炼出有价值的经验。

【李志欣】以上六个流程，都有规范评价的要求，均指向学生的学习活动与任务，教师要有对应的明确、清晰、可操作的标准与证据，评价包括自我评价、他人评价、小组评价、教师评价。

【陶继新】如此多元而又科学的评价，不但会大大提升学生学习的兴趣与质量，也让教师在教学中审视自身，更加关注学生的学情，从而让课堂教学真正成为师生共同演绎精彩的生命场。

【李志欣】当然,"全学习"的课堂提倡多种学习方式在课堂内外的呈现。比如,有的教师会设计各式各样的学生活动,课上让学生动口、动手、动脑,多实践、多表达、多展示。课堂上,学生设计方案,开展科学制作、小组竞赛、协作互助;课下,学生做手抄报、自编自导自演话剧或舞台剧、诗歌朗诵、社会调查等。

多种学习方式的出现,实现了学习场景的相互融通,各种资源引入学校,校园的围墙被打破,学校的课程内容得到极大拓展,学生线上线下混合学习,整个世界都变成学生学习的平台;学习方式实现灵活多元,将知识学习与社会实践、社区服务、参观考察、研学旅行等结合起来,正式学习与非正式学习融为一体;学校实施扁平化管理理念,鼓励学生自主管理,增加家长和社区在学校决策中的参与度,根据学生的个性、兴趣和能力组织学习,教育变得更加智慧,让学生站在教育正中央。

【陶继新】从教师单一之教变革为教师少讲并以学生之学为主,从课堂内以教材为主的学习延伸到课堂之外超越教材的更大范围的学习与研究,从学校内单一的文本内容之学拓展到校外的自然与社会等生活的学习与探索,你们真可谓无时无处不在学习。而且,这种"全学习"的理念根植于心之后,还会跟随教师包括学生的一生,让他们不因年龄之老而终止学习,步入"发愤忘食,乐而忘忧,不知老之将至"的审美境界。诚如是,生命将不会在平庸之地上滑移,而是不断地升华,从而放射出精神的光芒。

课堂教学新样态:"思维品质"课堂

到不少地方去听课,发现英语教师的课堂教学,仍然仅仅停留在信息的输入与输出这一个层面。更甚者,教学简单到了只讲解语法和做题的地步,完全违背了英语作为一门语言的学习规律,缺少对文本的深度解读与挖掘,没有凝练出优质问题,具体的教与学看不出多少学生的思维活动。以"分数至上"为特征的应试教育,长期以来将教育的目的异化为知识的传递与技能的训练,过度迎合升学,而发展学生的思维品质、培育学生的情感与人格则被轻视。这种异化的思潮也严重影响着英语这一学科的课堂教学。

《义务教育初中英语课程标准》(2011年版)指出:"英语学习具有工具性与人文性双重性质,它是以语言技能、语言知识、情感态度、学习策略和文化意识等五个方面共同构成英语课程的总目标,既有利于学生发展语言运用能力,又有利于学生发展思维能力,从而全面提高学生的综合人文素养。"

北京师范大学教授王蔷提出:"英语学科的核心素养主要由语言能力、思维品质、文化意识和学习能力四方面构成。学生以主题意义探究为目的,以语篇为载体,在理解和表达的语言实践活动中,融合知识学习和技能发展,通过感知、预测、获取、分析、概括、比较、评价、创新等思维活动,构建结构化知识,在分析问题和解决问题的过程中发展思维品质,形成文化理解,塑造学生正确的人生观和价值观,促进英语学科核心素养的形成和发展。"

我把课堂改革聚焦到"思维品质"如何得以形成与发展,试图探索一种更加适合英语语言学习规律的课堂教学新样态,在不同的课型中,如听说课、阅读课、写作课等,通过构建思维对话活动,培养学生良好的思维品质，锻炼学生的思维运用能力，从而形成乐学习、会学习、终身学习的信心与自觉，实现学生核心素养的培育形成与持续发展。这无疑是一种很有意义与价值的实践探索。

下面结合我在教学实践中的几个具体案例，阐释一下初中英语"思维品质"课堂的设计理念、操作流程与指标要素。

一、采取逆向设计思路确定成果目标，为一体化教学设计奠定基础

确定成果目标的主体应该是学生，强调在什么条件下如何学习什么内容，学生通过一节课的学习达到什么程度。让学生一开始学习就知道学习的结果，利于学生产生学习兴趣，明白自己的学习目的。成果目标要基于课程标准和学情，要有助于学生的思维品质培养。

例如，我在执教北师大版《英语》八年级上册 Unit5 Helping Lesson15 A Young Hero 一课（阅读课）时，设计了如下成果目标：

通过本课的学习，在本节课结束的时候，学生能够：通过阅读，寻找出主人公帮助他人躲避海啸的信息（正确率要达到80%）；运用所获取的信息和语言，描述主人公帮助他人躲避海啸的经过（要求信息点齐，六句以上）；通过感受主人公勇敢、沉着的品质，提升自己遇到意外情况时自救的意识，并阐述具体的应急措施（至少一条）。

该成果目标考虑了从学生角度出发要做什么，而不是教师要教什么。目标简洁、清晰，针对性强，同时突出了英语学科育人的核心价值观。另外通过寻找—获取—描述—感受—提升—阐述这几个关键词语串联学习过程，符合学生对知识的认知发展规律和思维品质从低阶到高阶的过渡原则。

二、巧设情境引入部分，定准课堂思维基调，启动学生头脑风暴

情境引入部分是一节课的预热阶段。著名特级教师于漪曾说过："课的

第一重锤要敲在学生的心灵上,激起他们思维的火花,好像磁石一样,把学生牢牢地吸引住。"可见一堂课设计一个好的开头,有事半功倍之效。开头开得好,就能先声夺人,利用已有知识储备激活学生的思维,激发学生的求知欲,使学生积极主动地参与课堂教学。

我在执教北师大版《英语》八年级上册 Unit4 Healthy Living Communication Workshop 一课(写作课)时,课程内容本身相对枯燥单调,但是为了给予课堂一个好的基调,我特意截取了《健康饮食好习惯》的一段视频播放,一下子激发起学生的兴趣,纷纷跟着合唱,很快进入了状态。

选取的素材符合学生的年龄层次,卡通人物活泼可爱,歌词基本都在学生已有储备之内,曲调为众人皆会的 *ABC Song*。为了体现视频的适切性和效益最大化特点,我提出了一个问题:What health habits are mentioned? 让学生带着问题去听、去唱、去思考。更重要的是,这一环节是思维启动的关键环节,为提出下一个问题"could you give more suggestions?"作了铺垫和预热。随后学生们快速进入头脑风暴状态,以自己的方式写出答案。短短几分钟,学生有的运用思维导图,有的运用简笔画,作品图文并茂,学生的发散思维因此得到培养和发展。

三、精心打造思维对话环节,深度解读文本,凝练优质问题逐层递进

思维对话环节的关键在于教师用凝练的优质问题启发学生,一般情况下需要巧妙设计 1～3 个有思维含量的主问题,以挑战性的任务或活动,引导学生与文本、同学、老师以及作者等对话,逐步达到深度学习的状态,从而逐步培养学生的深度思维素养。

例如,我在执教北师大版《英语》八年级上册 Unit2 Teams Lesson6 *A Special Team* 一课(阅读课)时,主要讨论在地震这一特殊时期,人们是如何依靠团队的力量自救走出困境的。下面是设计的四个主要任务:

[Task1] Ask the Ss to predict the main idea of the passage according to the title and the picture.

[Task2] Ask the Ss to read the passage again and check if the prediction is right and get some information about the earthquake. (when, where, who, what happened and the ending)

[Task3] Answer the teacher's further questions:

How did they solve their problems?

Was it easy? Why?

How did they make it?

[Task4] Discuss the questions:

Q1: Why is the team special?

S1: Because it gave them hope.

S2: Because it save their lives.

S3: Because they didn't know each other before.

S4: Because they supported and encouraged each other all the time.

Q2: What do you think of Mr Lin? Why?

S1: I think he is brave because it was dangerous at that time.

S2: I think he is a good leader because he could call everyone's attention and all of them listened to him.

S3: I think he is helpful because he think about others.

S4: I think he is active though he is old. Because the sentence: The old couple was on holiday.

Q3: What does the author write it for?

S1: To tell us to be calm when accident things started.

S2: To tell us one goes farther together.

S3: To tell us everyone should learn to help each other.

S4: To tell us everyone has to be clear about their roles.

Q4: What can you learn from the passage?

S1: We should be calm when accident things started.

S2: Team work is important.

S3: Everyone should help each other.

S4: We should learn some life skills.

Q5: What will you do if you are in the trouble like this?

S1: We should be calm.

S2: I will try to make myself safe and try my best to help others.

S3: We should learn some life skills.

  任务一旨在阅读教学中培养学生根据图片标题分析、判断、预测的能力；任务二旨在阅读教学中防止碎片化阅读，避免只见树木而不见森林的现象，培养学生提炼信息的能力、综合概括的能力，以及解构再重构文本的建构能力；任务三旨在设计一个问题链，使每个问题都合理有序地连在一起，循序渐进地将学生思维引入深处，细细品味文本；任务四旨在让学生思维的火花彻底地迸发。

  五个开放性问题的抛出，有发散性思维的培养，有推理性思维的训练，有批判性思维的挖掘，从感性思维走向理性思考。学生们在思考的过程中，经历一次心灵的洗礼，会情不自禁地思考：在特殊环境下，自己如何应对？如何成为 Mr Lin 那样的领导者？作者想要传递团队协作的重要性之外还有其他意图吗？在这样的思维训练中，学生会潜移默化地思考自己做事做人的态度。

  还要注意的是，执教者要合理巧妙地利用文本，尽可能多地在课堂中灵活利用思维的动态生成资源进行即兴提问，善于运用追问的技巧，注意引导学生讨论的方式，从而培养和提升学生的多种思维能力。

四、运用拓展迁移理念，提供广阔资源，为培养创造性思维提供机会

  拓展迁移环节的主要意图是通过拓展日常教学内容的边界，给学生提供更加广阔的学习资源和学习选择，在学会学习和解决问题过程中形成一

定的思维能力和方法。这个环节为学生的创造性思考、个性化思维搭建了一个很好的平台。学生可以根据小组和个人的特点展开讨论，自行设计展示方式，让思维变成行动。

例如，我在执教北师大版《英语》八年级上册 Unit5 Helping Lesson13 *Helping Your Community*（听说课）时，此环节设计如下：

世界志愿者日为每年的 12 月 5 日。你们小组打算在这一天去做一些志愿者服务。请你们制订一份详细的方案。参考词汇：children's home, protect community environment, old people's home, sweep the street, make a poster, clean up the rooms, read stories, play games, sing for them, dance for them, bring fruits and books。

Where	
When	
What to bring	
What to do	
Feelings	

内容要求：观点正确，要点齐全，语言流畅，符合逻辑，适当添加连词。

学习方式：（1）1号独立完成至少6句，2号独立完成至少5句，3号独立完成至少4句，4号独立完成至少3句；（2）组内合作；（3）台前小组展示。

Hello, everyone! Our group members are... We will...

_____

_____

_____Thank you!

本节课授课时间为 11 月份,所以选取的扩充材料时间适宜,使学生将所学内容和实际生活联系起来,让学生在用中学,在学中用。此环节设计旨在发展学生语言运用能力的同时,促进学生的思维发展,激发学生的想象力和创造潜能。另外,通过小组成员之间的讨论,培养学生的质疑习惯与勇气,从而逐步提高学生思维的条理性和逻辑性。

五、引导学生的知识建构,梳理知识脉络,实现思维自主呈现

本环节设计的理论依据是皮亚杰提出的"建构主义理论",该理论提倡在教师指导下的、以学习者为中心的学习,教师是意义建构的帮助者、促进者,而不是知识的传授者与灌输者。学生是信息加工的主体,是意义的主动建构者,而不是外部刺激的被动接受者和被灌输的对象。具体运用的策略是思维导图,又叫心智图,它是一种将知识结构和思维图像化的思维工具。学生在思维导图的引领下对文本的信息的分析和理解会更细致,更形象,更全面,更深刻。通过思维导图呈现内容的方式不仅简单,而且呈现的答案还具有多维、多解和多面性。

例如,我在执教北师大版《英语》八年级上册 Unit2 Teams(读写课)时,此环节设计如下思维导图,空白部分学生自主完成。用这种方式教会学生对知识进行梳理和归纳,培养了学生概括归纳的能力。

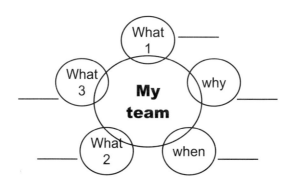

一堂好课,不仅仅在于任务完成得如何完美,方法策略如何多样,学生配合得如何流畅,课堂容量如何丰满,还在于学生有问题生成的情境,

有精彩观念的诞生，有思维碰撞的机遇和思想的自动出现。

"为思维而教"的课堂将是今后教学改革的必然趋势，作为英语学科，也不例外。我认为，要想构建"思维品质"课堂，首先需要教师始终鼓励学生运用批判性、创造性的思维去质疑，鼓励学生在知识的学习中提出问题、探查假设、寻求合理性。教师要转变自己的思维，从常规思维转向批判性思维，宽容学生的错误。要有勇气变革课堂教学方式，构建多元丰富的批判性课程，使初中英语课堂教学改革走向引导学生自己发现问题、解决问题，使学习成为一个探究的过程、发现的过程。同时引导和培养学生学会做自己思维的主人，不畏权威、不受束缚，努力创造自己的合理思维秩序。师生一起让课堂变成思维碰撞之地、思维生成之地！

教学智慧生成发自原本

《教学七律》（团结出版社）这本书不算厚，共计115页，作者是美国著名教育家、古典人文教育倡导者约翰·格里高利。他是伊利诺伊大学第一任校长，本书是他晚年所著，是作者一生教导智慧的结晶。

打开这本书，有似曾相识之感，已有30年教学实践和教育管理经历的我，在开始阅读时多少是有些悬隔心理的。教学、课程、教师、学习……关于教育的诸多名词，每一个教育人都不会陌生。

首先打动我的，是书中关于"教学"这一概念的定义：教学是知识的"交流"，是帮助学生在头脑中"再生"你头脑中的图像。不是复制，而是再描绘，不是灌输，而是再生成，从而让两个人都拥有共同的知识。

出于好奇，我立即百度搜索"教学"的定义：它是教师的教和学生的学所组成的一种人类特有的人才培养活动。通过这种活动，教师有目的、有计划、有组织地引导学生学习和掌握文化科学知识和技能，促进学生素质提高，使他们成为社会所需要的人。

不用我再解释，仅仅比较一下这两个概念的释义，一种恐惧感莫名其妙地袭上心头，上师范背诵过的"教学"的概念，多年教学一线的经验，上百次的培训学习，都开始向我释放出浅尝辄止的懒惰、歪曲事实的顽固，甚至是一意孤行地抵抗的陋习。如此简洁精辟的两句话，就说明白了掌握教学技巧、影响教学效果、锁定教学目的的本真，指出了教学的光明精神。

"简单的教学行为中，一定隐藏着精神生活和行为中某些最有效、最重要的规则。"内心在不断地告诫着我，仿佛一位同在屋里的老校长正在对我谆谆教导，这必将是一场跨越时空的心灵对话。

下面，让我们一起来领略书中的部分观点，同时思考如何评判自己的观念。

一、教师定律：熟知，示范为本

教师定律告诉我们："教师理应熟知他所传授的知识并能够通过各样的方式对学生进行举例、解释和说明。这需要教师能够切身感受并清晰理解教学内容。"

2007年我在山东工作时，曾带领教师们进行作业改革，禁止所有教师布置课下书面作业。我决定通过这种方式来倒逼教师追求课堂效率，发现真实的教学问题，而不是去争抢学生的课下时间（容易导致师生负担过重），引领教师走向教学改善自觉。想法很好，但是题海战术、时间博弈仍然不好一时杜绝。

我发现，根源在教师的备课上。教材是一个常研常新的知识文本和情智文本，备课是一个与实践相互对话、与生命相互对话并不断完善的真实的过程，它永远需要教师的拓展和充盈，需要教师的情感投入和智慧加入。作为教师，应该主动地参与备课，激发自己实施有效教学的自觉和智慧。

"一切的基础源于教师看到异象并发现真理而火热的心。"那么，如何改造呢？教师们自主研发了三种学习载体，代替了过去传统的备课方式、教学方式和学生常规的课外生活方式。这三种载体是：单元自主学习指导纲要、课堂学习指导纲要和双休日（节假日）生活指导纲要。

去熟知要教的知识，准备一堂好课很不容易，需要花掉无限的课外时间。但是，我们要明白："熟知会带来令人吃惊的连锁反应。熟知生出表达的渴望来，这种渴望带来教师教学与学生学习的热情；熟知才能表达得清楚，使教学过程通畅，才有精力关注学生；熟知才能发现课程内容的魅力，从而越发想要研究它，表达它；熟知才能体现出对学科的热爱，才有机会和能力遵守其他的教学定律。"

我认为，备课掩藏着提高教学质量的所有秘密。除此之外的认知和操作，外显和内隐层面都应该符合教育者的角色定位，唯其如此，教师才能真正成为学生学习和成长的引路人。

二、学习者定律：激发，兴趣为基

学习者定律告诉我们："如何让学习者成为真正的学习者，最重要的是调动他们的兴趣，引起他们的注意，并让他们学会自我思考。"这一句话有三层意思：调动兴趣、引起注意、学会自我思考。

其实，这一定律大家都明白，但是有些教师因为赶进度或懒得做，往往课堂上采取直接讲授的方式，没有为学生设置生活场景与问题情境，而是自己代替学生把结论说出来了，没有起到激发学生的兴趣与好奇心、点燃思维、勾连原有知识等作用，不再关注学生的注意和自我思考。

我校课堂教学流程中有一环节是"情境导引"，便遵循了这一定律。教师创设教学情境，让学生在情境中生发自己对事物的原初性的感受，表达身体对事物的体验，激发学生的感性思维和探究事物的内在渴望与能力，激发学生的学习兴趣，培养学生良好的学习行为习惯，使学生能自然地释放身体和情感，提高学习质量。

教师拥有的不是权威，而是授课魅力。违反学习者定律会使学生对学校和老师失去兴趣。因此，这条司空见惯的定律，我们应该切实重视起来，认真地学习书中所给的原则。比如：直到全班学生都开始注意的时候才开始讲课，花一点点时间观察每个学生的表情；适合学生年龄、性格和学识的方法示例；观察每个学生的喜好和最突出的能力，尽量解决与这些爱好和能力相关的问题，这样就会抓住每个学生的心弦；让课堂尽可能多地涉及感官和能力，研究怎样最佳使用眼睛和手；教师自己保持对课堂内容最真实的兴趣，真正的热情是可以感染人的；找出每个学生最喜欢的故事歌曲和科目，以唤起他们的兴趣和注意力；突然提高或降低音调会重新唤醒学生的注意；等等。

三、语言定律：共通，明白为主

语言定律告诉我们："教导者与学习者的共同语言才能够成为让思想进行交流的媒介。在教学过程中，使用学生所熟知的语言，才能让孩子理解教导者所要表达的信息。""不同年龄阶段的孩子有其独特的语言结构和思维方式，教学主体是学习者，所以教导者的任务就是帮助孩子尽可能清晰完整地表达出他不完全了解的东西，并将模糊的、碎片化的思想和观念组织成恰当的表达。"

有一次与朋友家一五岁女孩聊天，我说："我像你这么大时没吃过香蕉，也没见过。"你猜这个小女孩怎么回答我？她说："伯伯，您说了个天大的笑话吧！"这是因为孩子没有理解我的语言。

语言媒介必须是两者都熟知的，且清晰生动。只关注一方语言不利于知识和情感的交流。把一个问题或难题完全清楚地表述出来，通常是解答它的最好方式。我们通过表达真理而掌握真理。

作者还认为："语言不是思想交流的唯一媒介，有智慧的教师绝不会忘记或放弃使用其他各种交流方式。手势、眼神、表情、肩膀……你的身体会说话；还有图画、音乐、雕塑也可以承载思想；自然界帮助人类表达自己，提供解决问题的线索。"

四、课程定律：已知，联接为要

课程定律告诉我们："在课程内容的选择和教授中，要用已知的真理来解释未知的真理，帮助学生建立整体与联系的观念。一切未知事物必然包含在已知事实之中，联系的存在能够在未知与已知之间筑起能够让学生通往的桥梁。""知识是相互说明的，一个会通向解释另一个，旧的会解释新的，新的巩固并纠正旧的。新知识或新整理必须要与已知的知识或真理发生联系或进行比较。没兴趣的原因在于缺乏理解其中观点必须掌握的知识。理解的前提是共同或相似的经历，否则就要努力寻找其与自己已知的联系。"

以上观点都是很深刻且弥足珍贵的。知识的存在并非一个个孤立的点，而是一张网，纵横交错，盘根错节。因此，教学的起点必须是与已知联接的切入点，教学的终点是未知的新风景。教学过程的每个步骤都必须是用已知学未知，未知成已知，如此环环相扣。每一步都要完全理解才有价值。

有一位同事曾经说:"这个暑假我得与我的学生一起去学习'雅思英语'了,学生的知识与视野现在都超过我了,我都不懂'雅思'是什么,怎么再与我的学生对话啊?"也有的教师说:"每次开学第一节课,我都会这样对学生说:我们是朋友,是师友,我们需要互相学习,我不会的也会向同学们学习。"为什么会有这样的情况呢?因为对于现在的学生来说,任何情境下都可以学习,学生可以在网上、手机终端上进行线上学习,还能通过慕课、社会大课堂等方式学习。学校、课堂、教师、课本不再是他们获取知识的唯一依赖。

因此,教师应该有一种自主意识,突破传统教育教学观念的局限,主动挖掘常规或非常规教学内容的学习价值,去拓展日常教学内容的边界,让知识在生活中融会贯通,建立一种新的单元体系,不断更新学科、重构知识。

五、教学过程定律:再生,唤醒为法

教学过程定律主要阐明了教学的本质,即:知识的交流。"所有教师行为都围绕着一个核心目标,唤醒并启发学习者的思想,唤醒自发活动,即人们所说的认知、想象和推理技能。"

作者认为:真正刺激人类心灵的是问题,不会引发问题的事物或事件不会激发任何思想。提问不仅仅是一种教学模式,而是教学本身,但是每一个问题未必总是以发问的形式提出。在回答旧问题的时候,提供解释的方式可能会引发新的问题。经过彻底研究的事实和真理会将我们带向其他事实和真理,从而更新问题。孩子的发展也是这样的,当他开始认真提问时,他的智力教育才真正开始。只有当提问的习惯和力量基本形成,讲课才可以取代教学过程,学生才可以成为听众。

作者强调智力的自主权,禁止给予学生太多帮助,要促进学生多思考,倾听学生的声音。下面是我校罗蓉老师曾经布置的一次作业——菜香"四"溢语文实践活动,可以算作是这一定律的探索案例。

周末给学生布置了四个任务：（1）同学们独立制作一道菜，并赋予它独特的名字，晒出照片分享给大家。（2）推广一下自己的菜肴，语言生动形象。（3）开动脑筋用富有诗意的对联或古诗词来评一评各位"同行"的菜肴。（4）大厨们抒发一下参与本次活动的感想。

在这个实践活动中，无论是指导学生给菜命名，还是写推荐词，都是在语言情境中训练学生的语言表达，鼓励他们自发进行言语实践。比如，结合学生取的菜名还能引发学生思考拟人、谐音、比喻等修辞手法的运用；学生介绍菜的制作过程，就是训练表达说明顺序的过程；给菜肴写推荐词，更是在情境中进行言语实践；学生在评价其他同学的菜时，要求用对联或化用古诗词，这不仅是在情境中进行言语实践，这种生生互评本身也是很好的自主学习方式。

教学需要邀请学生检验自己的生活，需要遵循学生自然的思维秩序，需要体谅学生的不同观点和错误。如此，教师就不需要绞尽脑汁运用一些奖惩来从外部激励学生，而是引领学生把精力和热情投入到真正的兴趣上去，等待学生理解和接受自己的真实动机，敢于构建自己的立场。

六、学习过程定律：自主，赋能为上

学习过程定律告诉我们："当以唤醒并启动学习者的思想，唤醒他的自发活动为目标。即让学生自发并主动地去思考和寻找新的发现，通过问题不断地刺激思维的运转，在思考中去享受知识的乐趣和奥秘。""学习行为就是在自己理解新理念和真理的过程中深入思考。通过重新加工，用自己的语言表达。学习者必须在自己的头脑中再生出要学的道理。"

书中介绍，学习过程有如下几个阶段：学生能够一字不落地背下所学内容；学生补充了一个明确的想法，表明他的记忆的基础又进了一步；当某一想法已经形成，学生可以用自己的语言准确表达；学习者开始寻找他所学习的命题背后的证据；学习者关注对于知识的使用和应用，只有与自然和人生的各种运行机制发生联系时，学生才算是完全彻底地学习了课程内容；发现课程的用途，兴趣倍增。会学习的学生能在五个阶段的学习中发现明确的方向，不断地被赋予学习的能力。应让学生有机会尝试主体式思考和解决问题，热衷于自主开发和探索、组织和建设。教师要更多地给予学生研究和再生空间，学会放手和引导。如此，课堂学习由浅表学习走向深度学习，由任意为之走向专业设计。

学生会在学习中自然地问自己："这一课的字面意思是什么？这些话究竟是什么含义？用我自己的语言怎样表达这种含义？那一课讲的对吗？从哪些意义上讲是对的？为什么？学了这一课有什么益处？怎样应用这一课提供的知识？"这样的追问，也让"为什么教""教什么""怎么教""教得怎么样"这几个问题有了更加清晰、更加有效、更加科学的解决策略。

七、复习定律：重复，反馈为实

复习定律告诉我们："检验知识的目的是完善知识、证实知识并让知识学以致用。""复习是一种回顾，但又不是简单的重复，更多的是对知识的重新思考，其中包含新的概念与新的联系，并提升能力和熟练程度。"

其实，每一名教师看起来都会操作复习这一活动，但是，真正把"完善知识、证实知识并让知识学以致用"这三个方面都做好却不容易。"时光的流逝会改变观点。我们从新的视角审视这堂课，其中的事实会以新的顺序出现，表现新的关系。人的理智是无法凭借一次努力就一蹴而就地获得成功。不断前进和成长的智力不断达到新高度，不断获得新阳光，因此新的真理就显现出来了。"

书中还提供了这一定律所遵循的诸多原则：视复习为一种习惯，在等待其他任务的空闲当中都可以进行复习；要有固定的时间用于复习，在每节课开始的时候对上节课内容进行简单的复习，然后把这两节课的内容联系起来；每节课结束的时候，回顾一下刚刚讲过的内容；上完五六节课，从头复习；1/3 的时间用于复习；只要有参考以前所学内容的机会，就要让旧知识和新知识发生新的联系；学过一遍要尽早进行第一次复习；教师要记住大量学过的内容，以便随时复习，让学生感受到重视；针对旧内容提出新问题，指出新例子；尽可能多地对所学科目进行应用；决不能忘记在复习过程中对笔的使用；等等。

"温故知新"，是对这条定律的精炼诠释。真正的优秀教师，其经典的表征就是能够遵循上述复习的所有原则。但是，课下繁杂的作业、机械训练、题海战术，破坏了上述原则所营造的良好生态，从而使得其他定律也不可能得到很好的运行。

至此，我结束了关于"教学七律"的讨论。这本书让我相信，学习并理解了这些定律，也许不能让每一个读者都成为完美的教师，但是如果这些定律在实际过程中被完全遵守，它们就一定能发挥作用。

看似简单、习以为常的七个定律，掌握了它们，会衍生出更有效、更丰富的策略和方法。当然，里面也掺杂了我的一些不成熟的见解，希望大家批评。

我期待的是，每位教师和校长都能从自己的教育实践出发来与这本书相遇，都能带着自己的困惑和问题从书中获得自己需要的营养。不妨在自己的学校和课堂里做一些尝试。

一场疫情催生的作业教学改革

看不见学生的脸,电脑屏幕上一个个头像后面,真有一个认真在听的孩子吗?新冠疫情爆发,学校延期开学,网络成了教师和学生之间的主要联系,可这条联系能不能达到学生在校时一样的效果,很多教师心里也没底。

在北京市育英学校密云分校的一堂班主任云端例会上,大家的作业吐槽验证了问题的严重性。不用当面听老师的"碎碎念",怀揣着"反正老师逮不到我"的心思,有的同学一键屏蔽所有消息,彻底放飞自我。为了催交作业,老师们一遍遍发信息打电话,每天从早到晚,各种花式提醒。好不容易作业收上来,噩梦才真正开始。横着拍的,竖着拍的,拍得太远字太小的,离得太近拍不全的,曝光过度亮瞎眼的,灯光过暗看不清的,手机阴影挡一片的……

"能想到的各种问题,都会出现。"生物教师高光彩说,"改作业的时候,无论是通过电脑还是借助手机,一会儿放大,一会儿缩小,一会儿向左转,一会儿向右转,老师的颈椎是活动开了,但眼却受不了了。对着屏幕改上三五份,眼就发涩,发干,胀得慌,一段时间下来,感觉视力明显下降……"

更深层次的教学隐患在于,学生在校,教师可以通过课堂小测等方式检测作业的效果,线上学习之后就很难实施了。语文教师刘艳平说:"我们在这边不停地发送信号,却不知道对方接收到多少,甚至可能都没有打开接收装置。一直处于'盲教'状态,就像是一拳打到了棉花上,面对着沉默的头像,从心底蔓延出浓浓的失控感和挫败感。"

一、孩子缺少陪伴不是唯一的原因

作业完成情况不好,原因究竟是什么?一场面向学生的作业调研在全校展开。问题包括:不能按时交作业的原因是什么?你最喜欢哪一种提交作业的方式?你最不喜欢哪一种提交作业的方式?你最喜欢哪种类型的作业?

调研结果显示,教师们能想到的学习环境变化,确实是学生作业完成情况不好的原因。不少学生反馈,作业没有完成是因为没有家长监管。初二(1)班孙同学说:"自疫情以来,长时间待在家里很是无聊,为了消磨时光,我会和伙伴们一起打打游戏,刷刷抖音、微博等,玩累了就睡会儿觉。我自己也觉得这样是在虚度光阴,但又缺乏自制力。面对老师们、家长们反反复复的规劝,我已经麻木,学习上也提不起兴趣。"还有学生反映一个人在家做作业,没有同伴,没法讨论。

让老师们没有想到的是那些学生当着老师的面不愿说的原因。有学生反映对作业没有兴趣,上了一天网课不愿意再做网络作业;还有学生反映作业难度太大,重复性作业太多,作业形式单一,各科都有很多作业就不想做了。

对学生常用的作业提交方式进行调研:操作是否便捷?答案是否及时反馈?答案是否有解析?是否有错题整理?是否便于师生交流?……

问卷显示,目前学生的作业提交方式有微信小程序、微信群、QQ群、问卷星、手机 App 等。借助网络平台,教师布置作业的种类也有一些拓展,作业的种类有朗读类作业("一起中学"等)、题目类作业("伴你学"等)、归纳类作业(思维导图等)、抄写类作业(抄单词、抄课文等)、录制类作业(录音、录视频上传等)、记忆类作业(默写、背诵等)、实践类作业(写作文等)等。92.41% 的学生选择了微信小程序,原因是"操作简单",且"答案反馈及时,以便进行知识整理"。

二、以学定教推动作业改革

一场以学定教的作业改革随即在北京育英学校密云分校展开。学校提倡教师精选习题作业，分层布置给学生，减轻学生的负担。我对老师们说："精挑细选题目，尽量让学生在 40 分钟左右能够完成。作业分层布置，让基础薄弱的同学也能检测一天的学习成果。"

对班里基础知识成绩不够好的后进生，物理老师席德利有自己的方法。他说："要加强学生的积极性，就在对中等生布置的作业基础上稍微降低题量，注重基础知识的把握；根据学生活泼好动的特点，尽量留一些学生感兴趣的小实验、小制作等。比如刷抖音已经成为学生的习惯，怎么利用好这一资源呢？可以推送一些小视频并取一些古怪的名字。"

教师的作业批改反馈也在变化。第二天早上的自主学习时间，教师可以把每个小组中的优秀作业展示在小组群里，还可以分享在其他小组群里，及时表扬学习状态好、作业完成及时的学生，从而激励学生们互相促进。对于作业认真又及时提交的学生，可以采用"作业减免"的方式，让学生们学习有惊喜。

根据学生的建议，教师们布置的作业形式以"智慧学伴"和"问卷星"的习题作业为主，夯实学生的知识基础，练习解题技巧，为中考做好准备，同时辅助一些动手实践类的作业，激发学生的学习兴趣，提高学生的动手能力和实验探究能力。这也是最受学生欢迎的一类作业，初一（1）班赵博毅同学表示："我认为单纯的知识性手写作业缺乏多面性，虽然这类作业也是我们提高能力所需要的，但是在此基础上，主题性的实践作业更能激发我们的兴趣，丰富我们生活的多面性，达到全面发展的效果。所以我希望日后的作业可以增加些实践性的活动。"初一（5）班王辰安同学说："居家学习期间，我们多了一些综合实践作业，比如说结合疫情画抗疫时间表，用英语介绍新冠病毒，画疫情相关的图表等，这些有趣的题目不仅能让我们关注新闻时事，还能增强自己的动手能力。相比枯燥的知识性任务，这些作业更能提起我们的兴趣。我个人最喜欢的类型是学科知识和时事知识相结合，又有足够发挥空间的作业，比如说刚开学时结合疫情用英语介绍新冠病毒的作业，在了解了新冠病毒的特点及其防护方法的同时还能积累单词，甚至复习生物传染病知识，一举三得，益处多多。"

教学服务中心副主任罗蓉说："当前教师布置的作业大多数还是'一

背、二抄、三练习',停留在机械记忆和单一的书面上,偏于知识学习,忽略能力培养。我们提倡教师的思维可以开放些,用大视野的眼光重新审视作业。例如把学生的小构思、小创作纳入到作业范畴中去,让学生以小组为单位在课文内容的基础上编一个小对话、小短剧,然后把学生的作品、作业通过文字、PPT、视频等方式展示出来。这种创作和实践能力的培养不仅对学生现在的学习有帮助,也为未来成长储备了一种实用性技能。"

学校提倡强化学生分组学习。结合学生意愿,教师将学生分成几个学习小组,每组5~6人。每天晚上组员约定在哪个时间段完成哪科作业的内容,完成后群里汇报。然后留出10分钟左右的时间,在群里积极请教不明白的问题,有解题思路的同学可以录制小视频讲解,遇到巧妙的解题方法时也可随时录制讲解的小视频群内分享。

而在教师布置的作业中,任务驱动的学习形式的比例明显增加。在学校教研部门的牵头组织下,不同学科教师将线上教学中需要深度学习的任务,以任务单的形式分配给具体的学习小组或个人,指导学生以思维导图、知识树、表格等多种方式呈现学习的过程,利于学生参与学习、主动学习,进而形成学习的内驱动力。

三、走向线上线下融合

任何事情都有两面性,当最初的焦虑与慌乱,转变成各种尝试和探索,我不禁思考:"当疫情过去,这段时间的网络教学能留给我们什么?有哪些措施是我们在线下学习时可以沿用的呢?"

以前线下学习的时候,每天的作业会出现很多问题:早上会有学生到校抄作业或者胡乱补作业;课代表催交作业费劲,学生零零散散地交作业;老师有时候不能及时批改作业;学生得不到及时反馈;老师讲易错题凭感觉……现在,这些问题用一份电子答题卡就解决了。每天老师制作一份电子答题卡,学生做完作业后,填写电子答题卡并及时上交,避免了抄作业、催缴作业的问题;电子答题卡提交后即能显示正确答案,学生得到及时反馈，并且还能减轻老师的任务量；电子答题卡的数据分析，可以帮助老师更好地把握学生的易错点，从而进行精准讲解。

疫情之下，大家慢慢习惯了网上学习，于是一些微课、小视频也开始流行并被大家接受。录制一些针对重难点的微课，或者录制一些讲解错题的小视频推送给学生，便能成为学生自主学习的有力帮手。

疫情期间，为了加强班集体的黏性，北京育英学校密云分校还开发出了深受学生欢迎的作业"挑战"模式。

"基础知识的记忆是为了运用其解决问题，所以教师倡导学生变换记忆方式，把基础知识变成问题来回答。对于学习能力相对较强的学生，提倡把问题情景化、把做过的练习变形化。开始时是老师提出变形的问题，学生来回答；老师提供时政热点资料，学生来提问并回答。慢慢地变为学生自己来完成这个任务。我们把这项作业称为信息瓶。"道德与法治老师赵宁说。

个体成长过程是自我挑战、同伴互助相统一的过程，同伴之间的良性竞争必不可少。因此，在作业的布置与完成过程中，有的老师设计了"我给同伴出个题"的环节。学生可以在设计问题后，选择挑战的对象，并有权利评价同伴的回答状况。

传统意义上，老师习惯凭借信息差领导学生，扮演权威的角色。现在学生成长得快，渴求挑战权威，有的老师就设计出"我给老师出难题"的作业，激发学生的兴趣。

我相信，无论线上还是线下，作业布置都要从"教师主抓"转向"学生自主"，按照学生的喜好设计作业，即"以学定教"，让作业富有挑战性，真正实现我的作业我做主。当疫情逐渐平稳，各年级开始逐步复课，我们期待能将线上作业的经验与线下作业结合，让学生没有难写的作业，让老师没有难催的作业！

坚持走访教师的课堂共享才能

不少学校会出台一些听自己老师课的举措,最常见的方式就是"推门听课"。我想,这种方式的初衷不外乎这几种原因:一是检查。借听课检查教师的上课态度、教学常规的落实以及上课的效益。二是监督。校长不定期随时去听课,教师会提高警惕,在平时要认真备课,以随时准备迎接校长的到来。三是任务。作为校长,需要走进教师的课堂听课,这是他的职业最重要的一项责任与义务,是校长修炼自身领导力的必然渠道。

但是,基于以上三种因素的听课不免带有功利的影子,更带有对自己老师的不信任与不尊重的嫌疑。这种听课方式会使校长们往往把注意力集中在教师身上,而不把注意力集中在学生身上。把听课作为评价教师的手段,常常会引起教师的反感,影响教师的教学自由与专业自由,破坏教师的工作主动性与积极性。

著名当代教育家魏书生老师曾经有一个经验:每一个教室里面都放一张专门的听课桌。受此启发,我也在每个教室里放了一张桌子,当我去某一个教室听课时,我就坐在这张桌子后面的椅子上。老师还没有进教室前,我会与学生做些交流,看看他们的作业、笔记等;有时就干脆静静地读会儿书、看篇文章,甚或写点东西;有时会陷入思考的境界,把学校的管理与班级的管理、教师的行为、学生的表现联系在一起。等老师进入教室,我就专心致志地随着老师与学生的课堂进程进入观察、思考与学习之中,此时的我,感觉其乐无穷。

老师们戏说我的这种听课方式是在"走班",我则对他们说:我是来向你们学习的。因此,老师们都非常欢迎我走进他们的课堂。因为这种听课方式是校长以不具威胁性的方式来观察教师教和学生学的情况的一种方法。走进课堂的校长,要寻找教学实践及学习结果的可观察证据,该过程提供的数据及信息用于反思和对话，以及改善学生的学习。

这种课堂走访方式是非评价性的，它将学校所持的教育理念以及相关计划，与发生在课堂中和学生身上的可观察变化联系起来，是校长进行教学管理、领导教学改革的基础，也是校长通过拉近管理者与课堂的距离，不断提升教学领导能力，进而促使学校产生真正变化的重要一步。

可以把一节课一直听完，也可以只需5～15分钟，边走边看，把注意力集中于学生在学什么，做什么。我经常这样做：制订一个每天走访三节课的计划，可以走进同一年级的三个班，也可以走进不同年级的三个班，还可以在一个班连续听三个不同老师的课。

在这个微妙的变化背后，是校长对有效教学的观念的转变。校长可以利用在课堂上获取的信息安排本校的教师专业发展计划，决定如何给教师提供教学支持。

当然，要让这种走访听课发挥作用，还需要校长有耐心，能坚持，以平等的姿态与教师对话，真诚交流，虚心学习；不断接受最新的教育理念，掌握不同学科的要点，避免以偏概全。

我在课堂走访后会用随笔的形式记录下来，坦诚地交给老师阅读，结果收到了意想不到的效果。老师们都把我的随笔收藏起来，并表示很受感动。这种评课方式打破了以前讲课者与评课者对立的尴尬格局。校长处在与教师平等的位置上，真实地描述课堂上的学生与教师，发现问题，挖掘闪光点，写出感悟并与教师交流，从而使教师自觉地努力改进教学方法，加强学习研究，促进自己的专业发展。

这样，在教师群体中创设了一个相互信任、互助学习的环境。我倡导教师们之间也进行相互的教学观察，使大家对教学有一定的共识。

我在课堂走访中，还注重发现教师的教学风格与教学主张，帮助教师形成真正属于自己的教学主张。

作为校长，应引导教师充分认识、把握自身的个性特征，并按照教学目的和审美要求，把它一以贯之地运用于教学实践，使其努力形成一种独特而稳定的表现，从而使教师的教学改革与创新行为达到自觉的程度。不仅要使教师发现他的教学风格，还要帮助他形成一种教学的流派，树立一面旗帜，逐步从一名新手教师走向骨干教师，从一名优秀教师走向卓越教师。

下面两篇随笔就是我走访后为授课老师写的，可以帮助他们构建自己的教学主张。

老师自己本身就是课堂的评价工具

今天，11月10号，我有幸聆听了高光辉老师的一节课，感触颇深。这一节课有着我多年想看到但一直没有机会看到的授课风格。

高老师一上讲台，听课的我马上就感觉到了他的气场，他一下子就感染了所有学生与听课的老师们。

先看看高老师的脸。进教室前一脸平静，甚至让人感觉那是毫无波澜的贫瘠的秃山。但是，他一上讲台，看见了自己的学生，那张脸的五官全调动起来了，有时眼睛配合着微笑，有时鼻子配合着微笑，有时耳朵配合着微笑，有时眉毛配合着微笑。那真是，有多少学生就有多少微笑。微笑的意义多么丰富，微笑的力量多么强大，微笑的教育价值被高老师诠释得淋漓尽致。

再看看高老师的步伐。进教室前他走路与我一样，慢慢腾腾，如闲庭信步。但他一进教室，双脚就像装上了风火轮：学生完成了学习任务，高老师便风风火火起来，从一个学生这儿蹦到另一个学生那里，大手一挥，红红的100分便落在了学生的学习单上。他能看见每一个学生，他一节课就这样蹦蹦跳跳，与学生互动对话了很多次。学生也因此动起来，去帮助自己的同学。高老师用自己的双脚，丈量着自己的教育人生；用自己的双脚，辛勤践行着自己的教育情怀。

看看高老师的双眼，像一只老鹰的眼睛，从老远处就能看见每一个学生的问题，察觉到每一个学生的表情，捕捉到每一个学生的情感。

看看高老师的双手，像《射雕英雄传》中的周伯通，会左右搏击术：一手写主题，一手画架构；一手搏理念，一手拼实践。

再看看高老师的双肩，宽阔得让人一看见就能感觉得到他的胸怀与个性：它如大海，能纳百川；它如高山，能容万物。因此，学生在他的心中，都是最美的天使。学生遇到了他，也便插上了一双轻盈的翅膀，自由快乐地飞翔。

说了这些，还想多说。高老师的全身，都充满着激情，包含着力量。他浑身的细胞，都有着非凡的生命力，化为课堂里的教育元素和教学艺术。

最后，我不得不说，高老师不仅是人，更是课堂里活生生的教学评价工具。

极富张力的数学课

走进数学老师唐秀青的课堂，迎面扑来的是一股袭人的张力。这种张力是一种感觉，很难用文字说清楚。

个人愚见：所谓课堂张力，应该是一种通过语言、语气、身体动作等表达出来的煽动性、说服力、表现力与感染力。教学中的张力表达出来的内容、意境、思想等比说话内容本身要丰富或阔大许多。两者结合，融为一体，会变得深邃、隽永、博大。

先说说唐老师的语言张力。她的语言极有节奏感，或急促、或舒缓、或铿锵、或低沉、或拉长、或等待。她的语言极有夸张感，在与一个学生对话时，她竟能随即提醒告诫其他同学，比如"你们四个丫头""你这个小伙子"。唐老师好像有第三只眼睛，能够看见每一名学生。

再说说张老师的体态张力。她能从讲台上随着学生的表现与需求准确地行走在教室里的每个空间，及时站在学生的身旁。她的空间站位是如此的灵动，台上台下自然切换，如池塘中的一尾金色小鱼，自由地在水里徜徉，去到自己喜欢的水草旁、石子边嬉戏。

她的手势表达十分丰富，两手合作，上下左右，如同一位正在指挥交响乐团的指挥家，让不同的乐器在不同的时间，或在相同的时间适宜地奏响。每一名学生都是其中的演奏者。这堂数学课，俨然是一场宏大的、和谐的、有序的、动人的交响乐。

看她倾听学生说话的状态，身体前倾或侧倾，均躬下身，把耳朵递过去。她以这样的状态对待每一名学生，哪怕学生回答得不是很合适，她都如此，这是对学生多大的尊重与支持。这样的投入胜过高声的语言，吸引着学生说出自己的想法。这不是简单的倾听，而是思维的碰撞，师生心灵与心灵的交流。

唐老师的脸上，始终挂着微笑，她亲切的神情、优美的身姿，强烈地唤醒着、激励着、诱导着每一名学生的求知欲。她有一个高超的技能，能够看到每一名学生，即使回过头去，学生在她的背后，我感觉她也能看到自己的学生。这样的课，学生能不愿意参与吗？说句实话，教师拥有这样的课堂教学管理艺术，这样的教学情感投入，学生不想学都不行。

唐老师是一个课堂评价的高手，她的语言、她的神情、她的手势、她的身姿、她的行走，甚至她的沉默，都是一种有力的课堂评价工具。她的学生因此都很专注，她的学生的笔记都很规范，她的每一名学生没有不参与学习任务的。

这样的课堂，每个人的心情无疑都是既紧张，又轻松的；既激动，又快乐的。唐老师会在她的课堂上，敏锐地观察到每一名学生的心情，以人文的方式引导自己的学生转变心情，培育、建构起健康、愉悦的心情。

这种教育的艺术，是潜移默化、润物无声，它开启了学生学习的另一扇明亮的窗户，让灿烂的阳光洒进教室，流向每一个生命。

她把自己的数学课堂、学科问题、教室里的生命、自己的专业行走，都当作了自己心中伟大的事物！

我建议唐老师的教学主张可以用"张力数学"这个概念；我还建议年轻老师们有空去听听唐老师的课，领略一下她的教学艺术与教育魅力。

探索新型的课堂纪律管理方式

伴随着新课程改革，基础教育理念发生了重大变化。其中一种主要的新理念明确指向加强学生的自主学习和自主管理的意识与能力。不过，在实际的学校教育中，教师有时却处于尴尬境地。一方面，教师在课堂教学中努力采取自主、合作、探究、任务或体验式教学方式，以培养学生的自主学习能力；另一方面却陷入课堂纪律的管理泥潭，而教师大多采用的管理方式是惩罚和奖励等重控制和约束的手段，以此来维护课堂教学秩序。

这种强行禁止型的管理手段看似效果立竿见影，但学生并不一定心服口服，长期下去，不仅影响课堂教学的效益和教育功能，而且学生的违纪行为还是时有发生。于是我们的老师开始抱怨现在的学生习惯不好、太自我、不尊重老师，或抱怨现在的家庭教育出现病态，家长没有教育好自己的孩子，更有甚者抱怨幼儿园老师和小学老师的教育。诚然，学生的这些不良行为与上述几方面的因素有一定的联系，但没有绝对的关系。

面对一个班几十个孩子，就是面对几十个家庭，孩子们都有自己的生命背景，我们已无法改变这个现实。而学生出现上述问题，在当下社会背景和大环境下，又是正常的，即使在以前的不同时代，作为一名教师，都会遇到类似问题。

为什么上述行为效果不佳，导致我们每天在受挫、无奈、悲哀中度过？无非以下三种原因：一是这种手段重控制学生行为，而没有教授学生良好行为，因此难以帮助学生形成良好的行为习惯以及提高学生的自律能力和责任意识；二是这种手段无视学生的情感和心理需要，不但不能起到矫正不当行为和教育学生的作用，还有可能伤害学生的自尊心和自信心，不利于他们的成长和发展；三是这些手段的运用，在某种程度上表明教师将学生当作天生的"麻烦制造者"，不信任他们，事事处处都对他们进行监视和控制，容易造成师生关系紧张，尤其是容易引发处于青春期的学生的逆反心理，从而导致故意违纪。

有一段时间给学生上课，因为对学生不了解，心里着急，便不自觉地运用强硬手段管理课堂。课堂上学生不良行为频频发生，为了制止学生大声说话，我便大声喊叫，有时制止四五次，学生仍旁若无人；在自己讲课时，不时有学生打岔、怪笑、说小话等，于是我不得不停止授课处理这些问题，一节课下来，感觉焦头烂额，心情极度郁闷。更糟糕的是，学生们竟然公开提出不认同我的管理理念，他们在同学QQ群里议论纷纷，表达着对我的意见。

继续这样管理吗？看来学生快要形成抵抗联盟了。那么新型管理的路径是什么？于是我静下心来，重新梳理我的管理观念与方式。我一直相信这种说法：你一个人不能改变整个世界，也不能改变周边的他人，唯有改变自己的观念，改变自己与学生的对话方式，再去影响学生，或许会有好的效果。

教育是一种慢的艺术，急不得；教育不能像搞运动一样，应该尊重常识。于是，我启动了一种全新的课堂纪律管理方式，它的核心观念就是勇于与学生真实生命相遇，努力走进学生的生命世界。

学生来学校是寻找伙伴的。也就说，一个班集体一旦构成，他们势必要在班集体里寻找到一个适合自己的满意位置，这对他们是非常重要的。课堂上发生的那些现象，实际上是学生们在解决自己的归属需求。何为归属需求？指的是一种强烈的心理和情感需要——所有的学生都需要觉得自己是重要的、有价值的、有作用的、受到重视的。满足归属需求之于我们的心理健康，就如同满足呼吸需求之于我们的身体健康一样。在课堂上少数群体成员很容易感到自己被排除在班级的主流生活之外，结果他们很容易形成消极态度，出现捣乱行为。

学生出现不良行为表现都是有自己的目的的，一旦教师停止授课关注处理这类事情，就会正中学生下怀，此时，教师是失败者，学生是胜利者。此后我在课堂上尽量多关注那些行为习惯好的学生，借此强化正能量，少去关注那些心存不良目的的学生行为，耐下心来，借用注视、轻轻走近等方式处理他们的行为。实在是忍无可忍了，可以揭穿学生的目的。比如我班有一位学生赵某，我用了各种方法影响他，但他还是我行我素。有一节课上，我笑着说："赵某，我知道你为什么上课这么爱乱插话、制造笑话了。"赵某说："老师，为什么？"我说："你是想引起异性同学的注意。"此时，赵某表现得很惊奇："老师，你怎么知道啊？你上学时是不是也这样？"我没有回答。后来，我不断地寻找机会表扬他的转变，他慢慢在变，最后英语成绩名列前茅。

也就是说，我不再把学生的不良行为看作问题行为，而是小心探究行为背后的目的是什么、如何采取策略与学生沟通，在接纳、喜爱、赞赏的过程中，逐步破解学生的内在原因，找到学生的真实能力与兴趣点，鼓励他通过自己的能力为集体或他人做出贡献，帮助他重新建立自己的归属感。同时，不断调整自己的情绪与教学管理方法，努力适应每一名学生的需求。

仅仅教师观念转变还不行，我还借助教室文化建设，营造新的管理价值观。我在教室里张贴两则标语，让学生在潜移默化中受到影响。第一则是"告别闲话、闲思、闲事，专心致志，积极思考，主动学习"，第二则是"学会倾听，尊重课堂，享受学习的每个瞬间"。我还针对学生不会倾听，专门写了一篇文章《倾听，另一种动听的语言》，阐明了倾听的重要性：倾听是一种彼此的尊重，倾听是一种生命的关怀，倾听是一种优美的姿态，倾听是人生最大的财富。

观念的转变，若没有家长的理解和认同，形不成合力，效果会大打折扣。我充分利用两次家长会，成功地就学生的表现、班级管理理念和家长应该如何配合与家长达成了共识。第一次家长会的主题：从"心"开始，从"新"出发，从"欣"做起。我向家长汇报了目前多数学生存在的问题，并向家长言明：上课质量决定成绩，学习效率产生差距，作业质量值得重视，自主学习能力决定高度，自我管理能力异常重要，家庭配合很关键。我建议：家长与老师要一条心，密切交流，共同想对策。家长必须知道孩子在校的表现，也需要家长告诉老师孩子在家中的表现，主动与相关学科教师沟通联系，共同想出适合自己孩子的管理办法。我们必须允许孩子犯错，但不允许屡教不改，允许辩解，但不允许无理取闹。我们应该让学生从小就知道什么是对的，什么是错的，什么事情该做，什么事情不该做。孩子可以不完美，但必须远离这些性格缺陷。第二次家长会的主题是：在纯粹的爱中勇于管教。我与家长沟通了我们应该做什么、怎么做的问题。

  同时，我根据学生发展的现状和需要，整理了一些文章发给家长，让家长学习讨论如何管教孩子，如《再好的教育也比不上孩子的内力觉醒》《中国最需要教育的不是孩子，而是家长》《爱孩子，就要舍得用孩子》《你误会了欧美的素质教育》等。也就是说，老师要引领家长的教子观念，让家长信任老师，愿与老师配合，愿与老师交流孩子的变化。比如家长张某，一天晚上给我电话："你到底用的什么方法？孩子原先不喜欢英语，现在怎么回家大声读英语了？"我说："你的孩子很优秀，我崇拜她啊，我是她的倾听者，我尊重她的兴趣。"家长说："那我得变啊，你教育了我，惭愧啊。"这个孩子喜欢写剧本，但是家长认为她不务正业，不让她写，强制她按照自己的方式学习，每天像警察一样监视她。自从我与家长沟通后，家长变了，孩子总是把她新写的小说拿给我看，每次我都赞美一番，并借机再引导她的学习。这是我给她写的寒假评语："你是一个诚实质朴，善良懂事，值得信任的学生。只是老师和同学很少见到你和别人一样灿烂的笑容。你是不是认为别人不理解你？是不是有时缺乏自信心？其实你很优秀！你善解人意，热心帮助有困难的同学，你也很勤奋，认真对待每一次作业。你有伟大的兴趣，但兴趣的发展需要扎实的基础知识和卓越的学习成绩。俗话说'天下无难事，只怕有心人'，我相信，只要你坚持你现在的学习态度，改变一下学习方法，学习成绩肯定会进步的！"

  当然，我还采取了与家长秘密合谋教育孩子的策略。有时候教育对孩子来说是一个秘密，不必让他清楚或明白。《教学勇气》一书的作者帕克·帕尔默说："教学不论好坏都发自内心世界，我把我的灵魂状态、我的学科以及我们共同生存的方式投射到学生心灵上，我在教室里体验到的纠缠不清只不过折射了我内心的交错盘绕。从这个角度说，教学提供通达灵魂的镜子。"如果我愿意直面灵魂的镜子，不回避我所看到的，我就能够获得与学生生命相遇的机会，从而走到学生的生命世界里。

这种新型的课堂纪律管理方式，不鼓励惩罚、物质奖励或等级排名等重控制和约束的管理手段。它一般遵循以下原则：让学生相信自己的能力，能够积极与他人建立联系，为班级做出贡献。教师学生和家长一起参与，并通过对话和交流，共同讨论所期望的理想课堂，以及为了实现这样的理想课堂需要什么样的行为。准则的制定要用正面的语言，避免生硬的"不准、不允许、不要"等词汇出现，如使用得体语言、他人讲话时要认真倾听、共同努力营造和维持安全以及安静的学习环境等。

为此，我让学生自己与家长讨论制定课堂表现准则，评价方式由学生自己制定，谁制定谁负责评价，老师一概不过问，出现问题自己解决。同时，我改进了班级的治理结构，增设两名班主任助理，下设两名班长，每名班长带领四名班委负责一周的管理。每名班委再选择三名同学与之一起工作。这些班委都有两方面的管理功能：一种是配合年级的常规管理功能，一种是自我管理功能。我还根据不同情况的学生增添了特殊的管理岗位，如张某管理班级花卉、李某管理教室开关等。课堂学习小组四人一组，学习长负责学习管理，小组长负责行政管理。一切让学生负责，效果越来越好。我和学生说：我要做一名会偷懒的老师。甚至在课堂上，我为了弥补自己口语水平的不足，选择了把学习的权利还给学生的方法，让学生上课、让学生领读、让学生组织活动、让学生评价。有时，我在课堂上很少说话，但是学生却感觉其乐无穷。

具体到每堂课上，一旦出现不当行为，首先要有一种思想——要把不当行为分好类，然后按实际情况处理。我一般把不当行为分为吸引注意行为、争夺权力行为、寻求报复行为、避免失败行为。

我借鉴琳达·阿尔伯特所著《合作纪律：课堂管理指南》一书的预防或干预措施，尝试采用以下步骤：寻找恰当环境客观描述问题；双方阐述自己的行为目的；表达各自的感受；讨论解决办法；确定解决办法；形成书面方案；评估效果，并进行修正完善。我制定了一种课堂纪律观察量表，每节课观察一个小组，课后评价完毕反馈给学生，并通过手机把量表照片发到家长群里，让家长也了解孩子的课堂表现，同时告诉家长，不能以此作为管理孩子的依据。

这样，就慢慢形成了一种合作纪律共同体，这个共同体以促进学习为最终目标，以共同的纪律愿景为连接方式，以学生、教师及家长等异质成员为合作对象，以参与对话以及协商等为合作方式，以满足人的归属需要为核心内容。

我曾经反复阅读《像冠军一样教学》这本书，书中归纳了课堂文化的五大原则，即纪律、管理、控制、影响、参与。书中观点认为：

在五大原则的协同作用下，每一个原则都变得更强大，所有有效率的教师通常会把五个原则都照顾到。不能兼顾的教师最终很难建立起朝气蓬勃的课堂文化。比如，只用控制而不用纪律会导致学生不肯独立学习如何做事，并且只在严厉的指令下才行动。一个课堂，如果教师没有控制力，会造成惩罚的泛滥，让学生习惯于受罚，损害教师在该班以及其他班级的效能。在没有控制和管理的情况下，教师实施参与和影响也能建立起活泼的文化，但这种文化效率低下，它会导致学生退出学习。在不要求纪律的情况下，学生一旦离开教室这个微观世界就很难取得成功，因为他们对如何维持成功做学问的习惯没有足够的联系或知识。

书中所介绍的冠军教师们，他们的课堂都以各自独特的方式找到了五大原则的平衡点，在此，我推荐大家认真阅读《像冠军一样教学》这本书，里面的一些教学技艺、策略充满了课堂教学管理的智慧。在不断地打磨中，那些冠军教师对技艺的激情永远燃烧，指引他们追求更好的表现、动听的表达以及最大的影响力。这种对技巧的注重以及不懈的精进引领教师走向卓越。

我真诚地希望我们每一名教师，也能成为一名教学的冠军，通过不断地实践、改造、打磨、提升、总结自己的技巧，使课堂得到彻底的改变，能够游刃有余地驾驭、管理自己的课堂。期待教师们能够自觉地实践，勇敢地探索，持续地改进，找到属于自己的独特的课堂管理方式。

第三辑
自主发展提升自我

本辑导读

  一棵翅碱蓬并不引人注目，它在冬天、春天和夏天都很寻常，但是，当翅碱蓬连成了片，到了变红的季节——秋天，它就显示出自己不一般的魅力与精神！翅碱蓬普通、毫不起眼，却顽强又谦卑，为什么能成为秋日里的一道美景？其中的道理令人深思。

  对于普通教育者，尤其是青年教师而言，遥遥无期的教育理想很容易被年复一年、日复一日的繁忙工作消磨干净，因而常常陷入虚无或者迷茫，深陷周而复始的生活，蹉跎自己的一生。

  作为教育者，我们知道教育是慢的，成长是痛的。困难，是客观存在的，但克服困难，却是发自内心的，没有什么可以阻挡一个人的自主成长、自主发展。

  苏格拉底说：认识你自己；尼采说：成为你自己；海德格尔说：超越你自己；爱默生说：我们是自己命运的创造者。

  因此，教师专业成长的主要策略一定是自主，自己不愿意成长，不主动成长，谁也帮不了你。

  只要有一颗超脱自由的心，时刻思考学习，向往美好的追求，一点点朝着阳光的方向，像翅碱蓬一样不停地在向死而生中寻找光明，去发出自己拔节的声音，就能成就学生，成就自己。

  为人师很重要，为己师更为重要，阅读和写作能够帮你看清自己，寻找自己，甚至唤醒他人。只有先照亮自己的人性，才能点燃别人的心灯。

  不断地行走，真挚地呼喊，让我们做一个知识富有、身体健康、心灵自由、思想超脱、精神高贵的老师吧！我们会因自己的职业感受到持续的幸福和快乐！

我是一棵翅碱蓬

我出生在黄河入海口的一个小乡村——台北村。黄河的下游是地上河，河两边都有高出水面数米的大坝，我家的老屋就建在黄河大坝上。这里有大片的盐碱地，植物生长起来很困难，但是，有一种野生植物，它叫翅碱蓬，却成片地顽强生长着，秋天一到便织成耀眼夺目的"红地毯"，与周围各种绿色、黄色的植物相接，色彩斑斓，令人叹为观止。

它刚长出来的叶茎嫩嫩的，是餐桌上的一道绿色美餐，据说在旧社会老百姓没有粮食吃时，救了不少人的命。

我就是一棵翅碱蓬，如它一样普通、顽强、谦卑，在向死而生中寻找光明。

我的童年很不平凡。在我能够听懂大人话语的意思时，亲人们经常告诉我，我出生时又弱又小，像一只大老鼠那么大。

出生后的几年里，我的生命几次走近死神。本身就弱小的我，三岁时患上了支气管炎，当时的生活条件和医疗条件都很差，当病情厉害时，母亲会整夜地抱着我，看着因喘不过来气被憋得脸色苍白的我偷偷地落泪。后来，我因打针过敏差点丢了性命，因洗澡差点被淹死……

我一直就这样奄奄一息地艰难地活着，每天吃不了多少饭，瘦得皮包骨头。常常母亲的背上是我，手里拉着比我小两岁的妹妹。

身体状况如此，我的性格也变得异常内向，每天说不了一两句话，即使有人主动与我打招呼，我也会羞红了脸，低着头跑开。每天看着我这个样子，亲人们焦急万分，这学怎么上啊？

我九周岁才开始上学，没有上过幼儿园。那时，我仍然是一个欲言还羞的孩子，胆怯得很。但是不知为什么，我的启蒙老师硬要让我当班长，我的民主选票还是全班最高的。这可给我出了难题，我连与人说话都先脸红，怎么管同学？尤其是那些女生！

我于是不得不以身作则，始终坚持做好自己，同学们竟也悄悄地以我为榜样，不再那么胡闹了，有的竟然还邀请我单独管着他点，真是无言之教啊！

上了中学，老师不知怎么就看上我了，是掌管教室钥匙的材料。为此，每天早上，我得醒好几次，抬起头看看屋子里的光线，判断起床的时间，可不能让同学们在外等很长时间啊——那时家里还没有时钟呢。某一个下雪天，雪映得天很亮，我赶紧起床，"连滚带爬"地跑往学校，等了很长的时间才见到同学陆续来学校，原来我早起了将近两个小时的时间。

上了大学，班里男生少，班主任选我担任体育委员，刚开始我喊口令的声音是很小的，同学们都笑话我，根本不听我的指挥。班主任老师看见这种情况，一句话没说走了。我终于有了"怒气"，使出了吃奶的力气，大声喊叫着，同学们都"害怕"了，乖乖地任我"摆布"。

说实话，上学期间我的身体也不是很强壮，体育成绩总是不及格，经常吃药打针，每天感觉晕乎乎的。

我的生命之旅是艰难的，可以说，"向死而生"是我的生存哲学。但是，柔弱的生命却锻炼了我顽强的意志，让我有一颗超脱自由的心灵，过一种时刻思考学习、向往光明的美好生活。

一、在农村中学减负路上攀行

2014年9月之前，我在山东省利津县工作。梳理这段时期的教育生活，忽然发现自己其实就是攀行在一条减负路上。虽然辛苦，但苦得有意义、有价值。它让我明白了一个道理：教育是科学，贵在求真；教育是事业，需要激情。

第一阶段（1992—2004年）：实施有效教学，从为学生减负开始。

1992年的那个夏天，我背着简单的行囊，来到了利津县最偏僻的一所农村初中——付窝中学。学校地处利津县东北角，距县城约有80公里。一条窄窄的公路成了联系外面世界的"交通要道"。没有多少人愿意到付窝中学工作，更别说年轻人了。

到这里我才发现，更可怕的是老师教育观念的落后。为了弥补课堂的低效，老师采用的是可怕的题海战术。是因循守旧，还是有所改变？初为人师的我遇上了第一道难题。

在付窝中学工作三年后，我因工作出色，被任命为学校教导处副主任，负责毕业班的工作。在教育博弈相对残酷的那些年里，我所带的年级却是以良好的秩序而小有名气的。为了改变无序竞争的状况，我和同事们一道，协调学生的作业量与作息时间，让学生在紧张的学习之余，得到有效的调节。这样，学生的负担降了下来，学生不但学得扎实，玩得也开心，成绩自然会好。学校中考成绩稳居全县前茅，连年受到县教育局表彰。

付窝中学地处偏僻，但我的精神生活是充实的。我自费订阅了《山东教育》和《山东教育科研》（现名《当代教育科学》）等教育教学杂志。杂志里的思想和方法，我都巧妙地渗透到课堂和班级管理中，学生说我的课堂不但知识容量大，而且教学方法灵活多样，更为关键的是，我所任教的班级没有大量的课下作业，学生因此特别喜欢。经常阅读和写作，我对教育有了自己的思考，这反过来又促进了我的教学。那时，我陆续在《学英语报》《英语辅导报》上发了点与专业有关的小文章。这对我以后走上科研之路，是大有裨益的。

第二阶段（2004—2007年）：减负，改革之路从这里开拓。

在付窝中学的12年，是我人生中重要的历练，这段经历让我懂得，教师一定要走专业成长之路。此后，我调入了北宋三中，任职副校长。当时的北宋三中是一种怎样的局面呢？学校连续十年没有获得一项县级以上奖励，长期徘徊在全县教育下游，老师厌教，学生厌学。

经过充分调研，我和校领导班子达成了共识：在长期的落后局面下，学校已经陷入到一种无序的竞争中去了。虽然说学校的教学质量差，但师生的负担并不轻。由于缺乏有效的管理，一多半的老师都在争抢学生的自习时间。老师之间则因抢时间布置作业导致矛盾重重。作业泛滥可以说是该校成绩长期落后的顽症。

"看到这个症结却不能改变它，是中小学生的悲哀，是教育者的悲哀，也是中国教育的悲哀。"我对自己说。

我带领老师从改革作业切入，整顿教学秩序。一是要求各年级设立公共自习课。在公共自习期间，一律不准布置任何形式的课下书面作业，严禁让课代表布置隐性作业或口头的背诵作业，然后再利用上课前检查来惩罚学生。二是要求教师要根据时间为学生安排恰当的任务，布置的任务必须当堂完成，收齐上交。严禁通过提前发放或拖后上交占用学生时间。三是严禁教师在学生休息的时间，布置任何形式的任务，特别是具有一定惩罚性的任务。

作业管理使学校教学秩序得到了改善，大多数的老师也意识到了作业泛滥的危害，积极地执行学校的规定，各年级的教学成绩迅速提升，当年就荣获全县"教学工作先进单位"称号。县教育局要求全县各级各类学校借鉴学习。

长期落后的北宋三中摘掉了落后的帽子，这在当时的教育界是比较"轰动"的事情。可是只有我自己知道，在减负这条路上，我是负重攀行。

有位老教师，工作很卖力，可以说，他批阅的作业是全校最多的，当然，他布置的作业也是全校最多的。我实行的减负措施，他就是想不通。我先是对他实行通报批评，他不听。没有办法，我只好把他分发下的试卷收起来。他对我说："志欣校长，难道工作干得多也是错？我想不通。"对此，我只有耐心解释，并诚恳地告诉他："教育教学是一个全局性的工作，如果我们的学生每天都疲于应付作业，教学质量肯定提不上去。我教毕业班，工作压力也很大，我带头减负，只要我们在提高课堂效率上下功夫，成绩肯定差不了。"

当然，也有令人气愤的事情发生：有的通报刚发下去，就被人撕掉了。写在小黑板上的常规检查反馈，有时被人打上刺眼的叉号。现在想想，什么事最让人痛苦呢？那就是得不到理解。

就在这三年的时间里，虽然工作头绪多，但我始终坚持学习。是学习让我的心灵逐渐沉静下来，是学习让我对教育教学有了更深的思索。我的成果越来越多，论文发表的层次也越来越高，如《中小学英语教学与研究》和《中小学外语教学》等全国中文核心期刊。同时，我荣获了"东营市优秀教师"和"东营市文明市民"的光荣称号。

第三阶段（2007—2014年）："零"作业，把农村学校减负工作推向深入。

2007年3月，经过利津县教育局党组严格考核，我考选为北宋一中校长。在北宋一中，我在吸取教训、总结经验的基础上，革命性地实施"零"作业，目的就是改变以往那种高耗低效的运行模式，带领学校摆脱教育博弈的困境，回到科学、和谐发展的轨道上来。

在实施过程中，发现违反政策的行为，坚决地予以制止。我也在全校的师生大会上向学生公开声明：对于老师布置的课下作业，学生有权不做。对于老师的违反规定的行为，学生可以检举。此外，我们每星期都要搞问卷调查，开展学生评教活动，以便准确把握整体改革情况。

一石激起千层浪，困难和阻力可想而知。学校不准布置书面作业，有的教师就布置口头作业；学校不准教师自习课进课堂，有的教师让科代表传达自己的指令；学校不准教师为孩子选购辅导书，有的教师就给学生推荐辅导书……2009年4月14日我在《中国教育报》上发表了一篇题为《实施"零"作业，我与教师打游击》的文章，可谓道出了我实施这项改革的艰难与心酸。

当时，我也想到过失败。但是，教育是需要按规律办事的，即使再困难也要坚持。当然，作业改革的目的，不是纯粹的不要作业，我是想通过这种决然的方式，让教育回归，不要再按应试教育的老路走下去了，我们应该为孩子一生的幸福打点行装。

随着"零"作业改革的深入，一系列配套的工作引发出来，这促使我和我的教师团队走上了一条更加艰辛的路："零"作业，需要课堂改革跟得上，需要教师实现专业成长，需要引领教师走课程改革之路，需要学校改善治理机制创新管理。

可喜的是，我和我的团队坚持了下来，不长时间里，北宋一中的"零"作业教学改革开始显现成效，教学成绩不降反升，获得了全面丰收。2009年，一部凝结着我校教师智慧的教育专著《"零"作业下的教学改革实践》正式出版，我校教师的成果也越来越丰富，《人民教育》《中国教育报》等省级以上报刊上都有了我校教师的作品。

这段时期，我个人被吸收为"东营市师德报告团成员"，我也荣获了"山东省优秀教育工作者""山东省特级教师""山东省2010年度教育新闻人物"等荣誉称号。2011年，我被评为"山东省年度创新人物（校长系列）"和"山东省英语学科教学能手"。

学校也被视为素质教育工作的典型，2008年1月，山东省教育厅以鲁教基字【2008】6号文件向全省推广"零"作业改革经验。新华社、中国教育报刊社、大众日报社、山东教育社等四家媒体的记者组团到学校实地采访。《光明日报》《中国教育报》《山东教育报》等多家媒体先后报道学校素质教育改革经验。2009年，北宋一中被省教育厅授予"山东省中小学素质教育工作先进单位"荣誉称号，是东营市唯一一所获此殊荣的农村学校。学校改革成果于2011年荣获山东省"十一五"地方教育创新成果一等奖，于2012年荣获山东省政府教学成果奖评选二等奖，于2014年荣获教育部首届教学成果奖评选二等奖。

二、在"全学习"改革中成就每一个人

2014年9月，我从农村被引进到北京市育英学校工作，面对北京思维活跃、视野开阔的学生，我学会了"遇到教育困境，需要重建自己观念"的教育策略。一年后，我被选派到北京市大兴区兴海学校挂职锻炼，帮助该校架构课程与培训教师，新的工作让我明白了"根植学校传统文化，构建学校课程整体架构"的原理，成功地帮助该校构建起了自己的课程：融真课程。

2016年7月，我只身一人到了北京市育英学校密云分校任职校长。面对该校学生和教师组合复杂多元的现状，我提出了"成就每一个人"的办学理念，在以前进行"零"作业改革的基础上，我与老师们开启了"全学习下的课程变革与育人模式创新"的探索与研究。

在学习方式快速迭代的今天，学校需要培养孩子的能力，激发孩子学习的动力，关注孩子的终身学习，学校应该创设"以学习者为中心"的环

境与文化。也就是说，学校的空间、环境与文化，要适应新时代和新课程改革的需求，成为"最学习化"校园，为学生的全面发展提供更多可能。以此为切入点，全方位促进学生的学习、教师的专业成长、课程与教学改革、家校社协同发展等多方面的教育改进与创新，以实现学校的办学理念。

走进新学校，我用了整整半年的时间，深入分析学校的发展内涵、办学特色、课程理念以及学生的多元学习需求，研究不同课程教学活动对空间的功能诉求，从物理设施、学习资源、技术环境、情感支撑和文化营造等维度上，对空间功能进行整体再构和巧妙运营，将课程理念和学习方式转变为看得见的空间课程，实现空间重组带动资源的链接。让所有的时空都释放出教育价值，让所有的时空都成为课程场景，让孩子的学习作品的展示、发布、分享成为校园里最美丽的景观，让时空展现出生命成长的气息和活性，最大限度地促进学生的好奇心、创造力的培养，从而有效提升学习效果。学校文化的传播不再追求口号式的广告宣传，转而关注有没有在学生心中扎下根。

多种学习方式的出现，也实现了学习场景的相互融通，各种资源引入学校，校园的围墙被打破，学校的课程内容得到极大拓展；学习方式实现灵活多元，把知识学习与社会实践、社区服务、参观考察、研学旅行等结合起来，正式学习与非正式学习融为一体；学校组织富有弹性，实施扁平化管理理念，鼓励学生自主管理，增加家长和社区在学校决策中的参与度，根据学生的个性、兴趣和能力来组织学习，教育变得更加智慧。

校园是孩子们的世界，也是教师们成长的土壤。"全学习"生态系统应对教师的学习及成长有全方位的设计，支持教师发展，引领教师形成健康高效的工作方式、学习方式、生活方式，为其提供更好的资源及技术，提升教师的辛福感及品味需求，继而促进孩子们健康成长。

走进育英分校，你会看到原先冬青围绕的绿化地带被打开了，取而代之的是：六艺庭院、桃李满园、曲水流觞、濯缨水台、劝学蹊径、长廊悟语等具有传统文化内涵且温馨舒适的空间，既能休憩闲谈，又能交流互动，还能学习展示。大厅里、连廊间、楼道里都有不同大小的学习岛、学习区。这些空间的存在，让孩子们与老师们走得更近，学生、老师和家长可共用这些空间，这样的学习空间逐渐转化成人与人之间的关系，并带来为之振奋的学习驱动力。学习与生活都自然融为一体，让校园空间更有序，为"全学习"提供更多可能。

"全学习"校园文化，让封闭的空间打开，让闲置的空间有了生命的气息，这样，可以加强与外部社会的联系，推动学校与家庭开展跨界合作，完善学校治理结构，增加家长在学校决策中的参与度，学校与社会、家庭形成良性互动。开放自由的空间，促使学校各项事务都充分尊重学生，鼓励学生自主管理。学校秉持公平理念，关注每一个学生，成就每一个学生。

从在山东工作到在北京做教育，我一共经历了六所学校，囊括农村学校、城乡接合部学校和城市学校。多年的磨砺、时间的沉淀让我看到了自己，也感受到了一个个学生。教师所实施的教育行为，本质是以自己的思想、自己的思考来影响学生，真正的教育者总是怀着鲜明的思想和信念去接触学生，在学生面前表现自己，敞开自己的内心世界。

我领悟到了一个道理：让自己的生命成长成为习惯、达到自然、化为自由；对于学生，要把更多的选择权交给他们，成就每一个学生的当下与未来；对于教师，要把更多的创造权交给他们，尊重他们的专业话语权与创造精神。

尽管我的身体并没有摆脱虚弱的状况，但是，我仍然有力量坚持每年读书近20本，撰写教育随笔近100篇，使自己能够检点自己、反省自己和控制自己。同时，我还帮助其他老师读书、写作与做研究，鼓励他们凝练自己的教学主张，形成自己的教学成果，走一条幸福的研究之路。

一棵翅碱蓬并不引人注目，它在冬天、春天和夏天也很寻常，但是，当翅碱蓬连成了片，到了变红的季节——秋天，它就显示出自己不一般的魅力与精神！其中的道理令人深思。

教育是慢的，成长是痛的。只要敬畏自己的生命，珍惜自己的生命，时刻不忘学习与省思，耐得住寂寞与平淡，心中始终想着他人、感恩他人，向着阳光，即使自己再普通、柔弱，内心也会自带光源，同样可以照亮别人，给人以美的享受。

开拓"自专业"成长空间

一位从教近十年的年轻教师通过微信发给我一段话,引发了我的共鸣与思考。她说:"当下教师们的生活就是一个字——忙。忙上课教学,忙管理学生。忙得来不及备课就去上课了,忙得没有想好如何与学生交流,学生就犯错了。还要忙学校布置的各项检查任务,每周必有理论学习,必有教研活动,必有值班评比。忙,不是职业倦怠的本因,忙而无效、忙而不实才是。忙让时间白白浪费,但始终感觉不到成长的意味。很多人呼吁我们的一线教师要学会自我调节,要追求自我改变,启发引导教师要做一名学习型、研究型教师,但是教师们却很难找到突破的路径与办法,仍然在倦怠中、忙乱中、失望中生活着。"

为了教育与教学改革,我曾不断地"驱赶"着教师做着各种所谓的课程改革与创新,教师们为了满足众多学生各不相同的需求和应对学校名目繁多的活动,不得不规划每个流程的详细步骤,预设每次教学和项目任务的需求,并及时做出相应的调整。教师们忙得不可开交,被挤压得不堪重负。很多教师都觉得自己像人造卫星一样,环绕着一个庞大的能量球机械地运动,永不停息,不能给自己保留思考的时间,无法找到自己真正喜欢做的事情。

"凭什么要按人家的期望而活?凭什么被迫跟着别人的节奏走?"这或许是很多一线教师的心声。"按自己的节奏走",以这种生活方式来释放自己的潜能,才能好好地利用自己的天赋,做自己擅长并且感兴趣的事情。这是我发出的最纯粹的呼吁。

"按自己的节奏走"意味着我们的思维方式需要转变,意味着要抛弃工作生活之被动、工作方式之机械和追求目标之偏颇。教师的倦怠忙乱,会使自己的生活远离教师生活的本质,也会让学生陷入悲苦乏味的生活。

教师缺乏空间便使用僵化的思想和低级简单的方法教育学生、传授知识，学生自然陷入"题海"之中，心灵受到伤害，创新精神和实践能力便没有机会得到锻炼。

"按自己的节奏走"，需要两条腿走路：一是解放自己的职业兴趣，去大胆地爱上某个事物，专心致志地去努力追求。对自己最擅长的方面，去了解、发展、使用和享受。二是关注学生，为学生提供机会和环境来促进学习，增强学生的能力，帮助他们通过不同的方式来成长。

而这两条腿，又可以做到相互协调，步调一致。近几年，新课程改革很是热闹，取得了很多成果，如以自主、合作、探究为主题的课堂教学改革，以课程整合为宗旨的课程改革，以减负增效为突破的教育管理改革等，但是也不排除追求花样之嫌。一位校长朋友问我"你们学校有什么新花样"，我的回复是：教育不应该追求花样，而应尊重规律，把心灵和眼光放在关注每一个人的生命成长上，让每一个人，包括教师和学生，都被热情感染，按照自己感兴趣的方向去做事情，并且永远不受限制。

如果一位教师对他喜爱的一些活动或课程表现出兴趣与热情，决心去追求自己向往的目标，我们就会发现，在学生们身上，他总能找到无穷无尽的点子和疑问供自己研究与探索。教师达到了这种境界，在学生身上寻找研究的问题与解决的策略，并把问题发现、问题解决的过程作为自己与学生成长的一次次重要机遇与资源，我们的教育就接近本质了，就能按照规律来运行，教育会静悄悄地自然成长。

曾经拜读陶西平先生的文章《当代世界教育教学改革六大新动向》，其中一条动向是"从以课程为中心到以学生为中心"。他说：以学生为中心正在成为很多国家提升教育质量的核心导向。以学生为中心，一是全员化发展，即每个学生都是重要的；二是个性化发展，即每个学生都是不同的。与此相适应的是学校的多元化发展。

因此，我们的教育管理部门、学校、教师，还有其他的教育工作者，都应该转变自己的价值观，绝不能追求整齐划一的教育，用一把尺子来衡量我们的学校、教师和学生，让"因材施教"得以真正落地。

我已经有了一种感觉："按自己的节奏走"，改革会从这里发端，课程会从这里创生，学生的成长将会爆发出无限的可能。

但是，现实中的教师专业发展多注重利益（名与利）的驱动，多数学校通过制定一些考核规则，让教师们在其规则下进行博弈，表面上是为了一个共同愿景，实质上却忽略了生命意义的引领，没有抓住教师发展的命脉。

一名专业、情感和人格成熟的教师，追求的是心灵的自由、生命的解放和责任的担当，渴望自己的职业生命持续飞跃、不断突破，能够有思想地活着。

在"互联网+"时代，教师以自我需求为导向、自主发展为主要方式、自觉发展为动力源泉的"自专业"时代已经来临。因此，过去的评价激励教师的手段和策略已经不能适应新时期教师专业成长的需要。

依据自己的亲身成长经历，我想谈谈下面两种做法。

一是"三个一"读书行动。

（1）翻烂一本经典。不管是古代的还是现代的，也不管是教育的还是文学的，你可以选一本最爱，反复读，把主要内容装入脑子里，掌握其精神实质所在。

（2）主攻一个专题。美国当代管理学家托马斯·卡林经过研究发现："在任何一个领域里，只要持续不断地花6个月的时间进行阅读、学习和研究，就可以使一个人具备高于这一领域的平均水平的知识。"主攻一个专题，六个月到一两年，你就会成为这方面的专家。然后由一个主题拓展到多个主题，触类旁通，就可以快速地将"一口井"变成"一个湖"。

（3）精研一位名家。要根据自己的兴趣爱好、工作需要、任教学科、性格特点等来确定一位重点学习对象，收集重点学习对象的所有资料，长期研究，掌握其最基本的教育教学思想，并在实践中应用。

围绕"三个一"进行读书，让我逐渐明白了这样的道理：阅读改变命运，学习成就未来。通过读书可以发展自我、完善自我、超越自我，实现教育的梦想，实现自己的专业成长。

二是要有"产品成果意识"。

在基础教育领域，这种现象很普遍：教师找不到自己职业生命蜕变的突破口。叶澜教授曾说过:"一个教师写一辈子教案不可能成为名师,如果一个教师写三年教学反思就有可能成为名师。"

撰写教育教学反思是我的日常生活方式,成了助推我成长、改进我的教育教学策略的有力工具,助我学会了用自己的声音对各种教育教学策略的情境做出解释,这种解释可以使我更清醒地看到自己的教育教学决策过程,发现适合自己的最佳行动方案。

我想进一步重申,如想引领教师自主成长,让其超越功利走上自觉学习与研究的道路,就必须尊敬他们的专业话语权,重视他们的改革创新成果,促进他们的成果转化为产品,关注他们的精神成长,解放他们的职业生命兴趣。

当专业研究兴趣变成教师成长的内驱力和生命成长的终生信念时,他们就会敢于突破学校体制的框架,大胆地追逐自己的教育梦想,不断开拓自己的空间。

下面是我送给教师的四个成长"锦囊":

第一,送给教师成长的基本信念,即自主发展。自由自主,教师才能从本我走出,形成自我,走向超我;自由自主,教师才能形成自己的教育教学风格,形成自己的思想和学说。规划自我,造就自我,成为更好的自己,是教师自由自主发展的目标;而独立之人格,自由之思想,是教师成为自己的最美境界。

自由自主,在此基础上,相信教师、发现教师、解放教师和依靠教师,这是我校促进教师发展的基本信条。

第二,鼓励教师自发组建成长"自组织",实现同伴互助。独行快,众行远。教师发展需要一个思想不同、目标一致、去中心化的成长"自组织",在这里,教师相互学习、相互影响、相互唤醒、相互点亮,和而不同、携手共进。比如,我校目前就有"教师领袖成长俱乐部""青年教师成长联盟""未来教师发展共同体"等。

氛围比制度重要。教师这个职业,有着许多区别于其他行业的特殊性,面对当前的人文环境,面对改革开放的时代,抱团取暖营造氛围远比单兵独斗更能突显人的智慧,更易重塑、启迪人的心智。

对一个学校而言，从自上而下的线性教育结构到自下而上教育"自组织"的涌现，标志着网状结构教育新生态的形成。

第三，协助教师把握成长契机，找准三个"关键"。无论新教师的成长还是中老教师的职业突围，教师的每一个成长阶段，都离不开外部条件及外力作用。

（1）关键人物。在教育生涯中，教师会遇见各种人物，这些人物对教师的成长有的作用大，有的作用小，千人千面，但必有一种属于"重要他人"，即"贵人"，这个人在教师的生命成长、情感培育、思想形成、专业发展中起着关键作用。名师的成长无一例外，教师的发展需要伯乐。

（2）关键事件。著名作家柳青说："人生的道路虽然漫长，但紧要处常常只有几步，特别是当人年轻的时候。"在生活、学习或工作中，往往一件小事就会改变一个人的思想甚至命运。因此，教育领导搭建平台、创造关键条件，教师把握关键事件，就显得重要。

（3）关键读物。有的书，影响人的一辈子；有的书，影响人的某一个阶段。不管时间长短，书在人的性格塑造、事业发展、命运布局中起着关键作用。读书重要，但更重要的是选择，选对了关键读物，有时能改变一个人的命运。

教师发展需要"过三关"。创造关键事件，遇见关键人物，发现关键读物，构成教师起飞的支点。

第四，助推教师修炼学力，做到知行合一。"读书、写作、课例、课题、课程，游学和分享"，即"5+2"自成长模式，一直是我倡导并极力推广、认真践行的教师成长模式。读写塑造心灵，研究练就真功，游学打开视野，分享成就高度。从单一的就"教研"谈"教研"中跳出来，把教师带向自由研究的理想领域，练就读写力、研究力、实践力、行走力和分享力。

由种子教师带动，通过学习共同体的建设，以项目制的方式，通过分布式领导，系统组织"5+2"教师成长模式下的多种主题教育活动，以读促教、以写促教、以研促教、以行促教、以思促教，不断打开固化的思维，努力攀登教育高峰！

这是基于实践的、多层次的、立体的教师成长模式与教师专业发展路线图，即以自主发展为前提，遵循辩证思维和互联网思维，以"组建一个自组织、找准三个关键、修炼五个学力"为基本路径，唤醒与激发教师的自我成长。

享受自己的"暗时间"

——写给年轻教师的信

各位年轻教师：

你们好！

在我的办公桌上，除了三四摞书，还有一个白色的沙漏，里面装着略显黄色的沙子。这是重庆的一个朋友送给我的，我一直放在跟前，有时会上下翻倒它，耐心地观看和等待细沙的流淌。

这观看和等待的时间就是属于我的"暗时间"。"暗时间"是刘未鹏先生在他的著作《暗时间》里提出来的。

什么是"暗时间"呢？走路、买菜、洗脸洗手、坐公交车、逛街、出游、吃饭、睡觉等所花费的时间都可以称为"暗时间"。我理解的"暗时间"就是自己平时在不知不觉中度过的，觉察不到流逝的时光。

《暗时间》一书的封面元素就是一个沙漏，第一页上写着这样一段文字："每个人的生命就像沙漏，里面装的沙子总量大致相当，不同的是，有的沙漏颈部较细，有的沙漏颈部较粗。颈部较细的沙漏能够抓住每一粒时间之沙，即使沙子总量一样，也能拥有更长的生命。"

我思量着这句话，眼睛再望望眼前正在工作的沙漏，才刚刚漏下很少的沙子。我可以继续观看与等待沙漏里沙子的运动，也可以利用这个时间来思考问题，反刍和消化平时看到和读到的东西。

书中进一步提醒："这段时间看起来微不足道，但日积月累将会产生庞大的效应，所以说善于利用思维时间的人，可以无形中比别人多出很多时间，从而实际意义上能比别人多活很多年。"

对于教师这个行业而言，虽然属于脑力劳动，但是因为各种原因，教师们似乎忙得不可开交，多数教师过着低品质、低思维含量的生活，机械重复自然成为教育的特点。甚至在当下的教育生态里，盲目效仿他人经验的现象比比皆是。学习是必须的，学习他人经验也未尝不可，但是需要经历思维时间的考验，需要进行创造性的探索。

其实，最为关键的是，多数教师认为自己所做的事情已经投入了很多的时间与精力，但这只是一种错觉。"投入时间"这个说法本身就是个荒唐的借口，实际投入的是时间和效率的乘积。为什么总是感觉每天有那么多的任务没有完成？这是因为你把所有任务都当成了主要的任务，没有对这些任务进行分割。我们应该把自己的目标分割成一个个可以量化的小目标，然后我们需要做的就是去实践、去坚持。比如，我想在半小时之内批阅完一个班的作业，然后就认真专注地来做这件事情。否则，时间会被其他琐碎的事情侵占，不仅其他事情没有做到令自己满意，既定目标也没有完成。再比如，我在值班时往往会给自己定一个目标——看一本书或写一篇文章，在值班的第一时间我就去完成，否则，我会这里转转，那里逛逛，时间不知不觉就溜走了。

生活中有太多的选择和困难，造就了各不相同的人生。我想引领年轻教师走上自主成长之路，就是希望他们能够走上名师之路，甚至能成为教育家型教师。我的引领工具就是上一篇文章提到的"5+2"自成长模式。我说可以自愿加入，其实我是在试探年轻人的心态与情怀。结果，不出所料，刚参加工作的都报名了，因为他们刚入职，还不敢不支持校长主导的工作，而毕业两年以上的教师，大多没有报名。我找到几个问他们："为什么不报名啊？要知道，这几条策略都是一名教师能够成为优秀教师的必由之路啊。"他们说："任务太多，太忙，怕没有时间完成你的任务。"我理解他们，但我很失望。

书中一句话令我印象深刻："人生就是这样，一个岔路口就决定了一生。"虽然在我的劝诫下，大多数教师都答应了参加，但是他们能坚持下去吗？

我很殷切地希望，这些年轻人能够选择一个靠谱的方向，然后专心致志地钻下去。你在一个领域坚持不懈地专注下去，早晚能成为高手或绝顶高手。世上有很多成功带有偶然因素和运气成分，但至少这一点，被无数人证明了无数遍。

我坚信一个真理：成功的方法只有一个，那就是付出常人所不能付出的东西！

未来是不确定的，年轻的教师们，你们面对的不仅是当下，还有未来。有准备的人成功的概率会大得多。让你们读点书，你们可能认为没有多少用处，不明白一个道理：你们的气质、思想与行动，与你们读的书都是有关系的。当时你们没有感觉到，但是你们的学生会感觉到，时间久了，你们的气度就爆发出来了，那时，你们会与众不同的。这需要积累，任何急功近利的想法和做法都不可能如愿以偿。

兴趣遍地都是，专注和持之以恒才是真正稀缺的。生活中的选择远比我们想象的要多，细微的选择差异造就了不同的人生。一生的知识积累，自学的起码占90%。你们虽然学历较高，但教育教学是一项极其复杂且创造性很强的工作，它需要每一名教师的不断学习与充电。任何一点时间都可以用于阅读。年轻的教师们，我真诚地希望你们能够把第一年的热情与态度坚持下去，不要被一些庸俗的人和事带入另类之地。成功的人原因各不相同，失败的人原因却大致一样。

不是没有时间，不是太忙，更不是太累，而是没有勇气和志气跟着走下去，不想追求卓越的人生，过一种有价值的教育生活。记住，每个人一生的时间是有限的，但是你的"暗时间"却可以任由自己来挖掘、支配和利用。享受自己的"暗时间"吧，找到自己的兴趣，然后专注、坚持，任何人你都不要去在乎，因为你在走向你自己人生的梦想，而他人，只是你的陪客。成功的路并不拥挤，拥挤的是庸俗的路。

下面我想把自己撰写过的一篇心情随笔与你们分享，或许也能表达一下我对大家的期待心情。

沉下心，去探寻你的可能

过了不惑之年，突然对不惑有了自己的认识，不是明白了一切，而是不再去刻意弄明白一切，因为有些事情，甚至是人，没有必要去弄明白。

我想读书，需要知道痛点指引，需要去充分内化，需要去真实实践。有些许的改进，就是最可贵的行动，不必每天想着什么专家的指导、领导的指点，一切的外力都不是自己的，都只是暂时的，它们会掩盖自己的真正可能性，阻碍自己的想象力与创造性。

我想交友，需要有一样的价值观，需要有共同的志趣，需要彼此的默默倾听。因此，我理解的道德准则，是一种独立感与勇敢性，而非一味地顺从，一贯地迎合。一起吃饭时，我会静静地聆听那些夸夸其谈的好友的天南海北的故事，从不愿意表达我的观点，表达了也没用。参加论坛时，我不喜欢千篇一律的观点，我喜欢有争论的言语，哪怕是争论得面红耳赤，因为如此，才会诞生真理。

沉下去，去探寻我的可能，这是我今后人生的座右铭。漂浮在水面上，只会让我随波逐流。白天，潜心真诚地做好自己安身立命的事业，通过每天的辛勤努力，每天改变一点点，总会对他人有所影响的。晚上，静下心来，关注一下自己的身体，少些不必要的应酬，读一本书，与一个人对话，写一篇文章，涂抹一下自己的爱好，让思想、思维、思绪，平平静静，自己的可能也就出现了。

别人也许会误解你，说你清高，道你寂寞，甚至认为你的生活毫无意义，但是多年后，情景就不一样了，你日益走向丰富，走进了理想的世界。而那个误解你的人，却没有变化，仍然重复着自己的论调，苟且地生活。

有时，我虽然是一个人，但并不寂寞。

我要走进一本书，走进一个伟大的人，走进一个神圣的思想，走进那个吸引我的世界。

我的心安，我的家人自然心安。我内心的平静的声音，让他们幸福快乐。笛卡尔说"我思故我在"，我现在终于理解了它的奥秘。我说："无我有谁在？"我要好好善待自己了，其道理就是：沉下来，去探寻你的可能。

与大家共勉！

做一名心灵自由的教师

过了不惑之年的我,对教育的感受更加深刻了,亦有些别样的生命自觉。我已经清醒地意识到,我们每一个生命个体,不能停留在既有的生命状态,而应该不断地努力,实现自己生命的持续飞跃,做一个知识富有、身体健康、心灵自由、思想超脱、精神高贵的教师。

没有思想的教师培养不出有思想的学生,一名教师应该成为学生的思想领袖。学生的学习兴趣、独立意识和责任感是最重要的东西。我们应该创新教育的教学方法,把学生的成绩当成教学过程的自然结果。真正的教学是无形的,是无处不在的。课堂应该是思维品质形成的地方,是心灵自由开放的地方。

不热爱生活的人,不可能是热爱教育的人。不了解生活的人,不知道教育是什么样的。教师要学会从生活中反观自己,离开了生活就失去了获得教育智慧的源泉。只要把心交给教育,我的心就能得到安宁,就感觉到了自由。做自己愿意做的事情就不会感觉到劳累,我要做教育生活的自由人。

因此,教师职业生命的本质是一种生活,是一种研究精神。教师要能够对方方面面的工作进行冷静而理性的思考和研究,成为主动出击、积极谋求发展的教育者,而不是满足于对个人经验浅层次的认知和归纳。教育是一种创造的事业,不仅仅是一种谋生的手段。一方面,教师应该努力从自身积累的经验中寻找内在规律,从反思中找回忘却的记忆,从困惑中探求智慧,从成功中筛选方法,从失败中积累资源;另一方面,应该如饥似渴地学习读书,追寻成功的内在原因。

当下,我们的教育始终无法彻底从现实的体制和传统文化的束缚中解脱出来,无法从现行的招生考试制度的束缚中解脱出来,无法从功利性目的与教育本质和人的长远发展目标的矛盾中解脱出来。其实,教育应该是一项造福后代的事业,是生命润泽生命的工作。如果仅仅靠一些制度、评价来约束或强制推行,只会使教育从一种畸形转向另一种畸形。教育是一种靠良心支撑的天平,没有自觉的文化意识,就不会形成科学和谐的持续的教育行为和信念。教育是一艘靠创新来引领的航船,没有文化自觉,就会停留在避风的港湾坐观等待。

有文化自觉的教师,才能真心实意地从人的需求出发,思考并选择恰当的教育行为,促进学生的发展;也才能认真审视教育中普遍存在的束缚师生发展的深层观念和行为,进而努力更新教育文化,让师生在自由、安全、愉悦的文化氛围中,不断地探索进取,不断地创造出生命的新价值。

孩子需要素质教育,需要能够保证其全面发展、终身发展的教育行为。这需要我们教师有心灵的自由,能够对学生进行技术的指导,思想的引领。这是我一生的追求与责任,也是现代教师的职业符号与生命的原点。

但是我发现,现如今,多数教师喜欢过一种平淡的生活,按时上下班、认真备课、上课、批阅作业、课下辅导等行为成了当下教师的日常生活标签,似乎不如此,便不是一位合格的教师的样子。

说句真话,在当下社会环境里,这样生活的教师已经是难能可贵的了,他们这样生活也无可厚非。

问及这些教师对自己生活的价值评说,他们大多会淡然笑之:做一名普通教师嘛,就应该过这样一种平淡的生活。即使有追求,再怎么努力,不还是一名普通的教师吗?能对得起自己、对得起学生,一辈子就知足了。

这样的生活,每天四平八稳、风平浪静、与世无争。但是,我却不认同这样的教师生活。

譬如一个显而易见的道理:作为教师,是教人读书的,自己必须是一个读书人,读书是教师生活中不可或缺的内容。但目前的现状是,读书的教师却很少。

如果罗列一些教师不愿意读书的原因,可以很轻易地随手写出很多条:

繁杂的教育教学活动和琐碎的家务事情，让教师无暇顾及读书；应试教育没有让这些教师养成读书的乐趣，应试教育不需要读书；受社会浮躁风气影响，校园读书氛围差，想静下心来读书很难；读书不能带来立即看得见的好处，就把时间放在可以带来好处的那些事情上了；教育的管理机制与学校的考核制度过于关注学生成绩，导致教师把大量时间花在研究教辅上，教育类专业书籍读得不多；等等。

的确，随着教师待遇的不断提高，绝大多数教师不读书照样能过上比较得体、悠闲、舒适的生活。有的教师这样说："有了常规的标准、规范和上级、专家的指示与理论，我没有必要把自己从大多数中孤立出来，强迫自己去读书。"这种由外在力量左右着的教师生活，久而久之就演化为教师流行的心态，变成众多教师向往的一种平淡生活。

可悲的是，身为一名教师，为了顺应大众崇尚的所谓平淡生活，自己的生命功能在慢慢蜕化，缺失了真正意义上的平淡生活却浑然不知。我赞同张国庆老师的《老师不爱阅读源于生命主体被边缘》一文的观点，它很好地解读了什么是真正意义的平淡生活：我们知道，生命的本质在于成长，在于不断地突破自己的生命经验，在于有思想地活着。当我们缺少了这些本质的东西，实际上意味着我们的生命之旅已经步入了不平淡的道路。许多教师如此烦躁、自卑、痛苦、绝望，整天生活在怨恨、叹息、烦恼之中，是由于没有认识到生命的真相。

我认为，教师生命的真相必须有读书的生活，有独一无二的生命行走方式，有与众不同的教育主张，有自己生命主体的心灵解放。当下教育的真正问题在于教师的生活没有回归到教师自己的生命功能，所面临的是：缺失信仰，不能为自己确立生活的目标与方向；缺失承担，缺失对社会、历史、民族的承担，缺失对学术和对自我生命的承担。

教师生活里面，读书自然是一种对自己的工作、职业和学生的承担；在道德感滑坡的今天，教师要承担精神坚守的历史责任；作为知识分子的教师，还要尊重自己的研究成果，尊重自己的教学主张。这些都是教师对自我生命的承担，是一种自在的生命存在的方式。

近读徐百柯先生的《民国风度》一书，体味民国时期的那批学人，如冯友兰、潘光旦、傅斯年、金岳霖、林庚等,他们的个性虽千姿百态,但个个不失风骨、风趣和风雅,底子上都有一个"士"字守着。北京大学钱理群教授在本书再版代序《谈谈"民国那些人"》中写道:"那一代人,无论做学问、讲课、做事情,都要把自己的生命投入进去的,学问、工作,都不是外在于他的,而是和自我生命融为一体的。这样,他们所做的每一件事情,都会使他自身的生命不断获得新生和升华,从中体会、体验到自我生命的意义、价值和欢乐。"

要达至这样的生命境界,需要的是独立、自由与创造精神。这三种精神,绝不可能由外在的控制力来实现,应该是自己承担精神的内在生命需求与自觉。平淡生活其实就是教师的日常生活伦理,是一种真实的生活。在这种生活伦理的支配下,注重落实到具体而微的生活实践中,读书、研究、改革、创新等元素就会透入到教师平淡的生活中。

这需要教师把心思用在自己如何看待自己上,用心过自己的生活,而不是生活在大众中,为他人生活。

阅读成尚荣老师的著作《名师基质》,其中一篇文章《意义,在时间的流淌中》讲到这样一个故事:

黄岳渊先生在宣统元年(1909年)的时候是一名朝廷命官,斯时年近三十。有一日,他想,古人曰三十而立,他该如何立人?做官要应付人家,从商,又要坑害人家,得做一件得天趣的事才好,才算立了为人的根本。于是,黄先生毅然辞官退隐,买了田,聚精会神种花,整日抱瓮执锄,废寝忘食,果真花园欣欣向荣,奇花异草,声名远扬。每逢花市,众人就会深得启示——花养出了精神,养出了人间知己。黄先生最后写出了《花经》。他说,人生只能做一件事。

陶行知也说,人生只为一件大事来,与黄先生的观点不谋而合。不过,陶行知更强调"大事"。其实,陶行知所谓的"大事"是为老百姓真正做一点好事,对教师来说,就是教育,就是教好学生。

成尚荣老师的观点是这样的:能不能做成一件大事,做好一件大事,关键是能不能为自己开出一张处方。书中引用了心理学家马斯洛关于人的"逃避成长"现象,即惧怕自身的伟大之处,因而阻碍了自己的成长,马斯洛将其称为"约拿情结"。人的伟大之处是人的可能性。但马斯洛发现："我们既害怕自己最低的可能性，又害怕自己最高的可能性。在最美的时刻，在最完美的条件下，在最勇敢的状态下，……面对它们，我们会激动得颤抖，然而也会因为虚弱、害怕、畏惧而直打哆嗦。"成尚荣老师认为，伟大之处不是人人都认可的，更不是人人都可以将伟大之处转化为伟大现实的。认识自己的伟大之处，勇敢地面对，克服"约拿情结"，为自己开出一张伟大的处方吧！

让我们拥有自我意识的觉醒，享受生活给予我们的各种恩惠，得一件自己感兴趣的研究之事，抱着一颗自由的心灵，去追求生命成长的自觉，从而过一种优雅闲情的美好生活吧！

出发，是为了寻找自己

2016年一个夏日的早晨，我与刚结识的四位同事出发了，前往大连。

路上，在舒适的高铁里，《让思维自由》里的一句话，触动了我："如果我们不能通过教育、培训发展人们全方位的能力，那么有些人，甚至大部分人，将永远无从知晓自己真正的能力所在，也就无法真正知道自己是什么样的人，或者能获得什么样的成就。"一路上，我一直思考着这句话。

《教师博览》第二届读书论坛开幕式上，方新田先生这样诗意地陈述本次培训活动的目的：《教师博览》的培训，是不一样的培训，是关于读书、写作、教研、旅行、交友、喝酒、散步、恋爱等多种元素的集合体，是情感的大释放，是思想的跑马场，是人生的金沙滩。

但是我却认为，它里面似乎缺了一种最重要的元素。这个元素，正是我一直在思考的命题：出发，是为了寻找自己。

一个人，时间久了，有时候真的忘记了自己是谁，忘记了自己该如何做人，如何做事。

我们应该怀着喜悦的心来做伟大的事业，怀着伟大的心来做细小的工作，怀着开放的心来面对这个变化的时代。过去，我一直不理解到底什么才是教师高质量的生命状态，现在我终于明白了，它就是：你的一生，要爱教育，要始终思考教育，要珍惜每一天的教育过程，忘掉自己，去直面教育的真问题，去成全每一个孩子。

如果教师的生命质量是窘迫的，那么我们的孩子就显现不出他们应有的样态，他们少年时代的爱与自由，青年时代的爱与热情，成年时代的爱与坚毅，都可能会被我们的教育统统封杀，沉存起来。

曾经写过一篇文章，标题是"学生，我灵魂的照妖镜"，只有教师幸福地度日，敬畏自己的身份自觉，他才会拥有美丽的面相，学生会成为他生命中最柔软的部分，学生的样子，就是他的样子。

与孩子们在一起，真正地在一起，向他们敞开内心，一刻也不要让他们感到恐惧。尊重他们的人格与情感，呵护他们的兴趣与选择，真实的教育可能就出现了。课程应回到生活，这是教育实践的起点；应回到儿童，这是教育实践的原则；应回到文化，这是教育实践的内涵；应回到价值，这是教育实践的指向。

我不能再每天重复自己没有意义的生命了，在同一水平上重复，那是在浪费生命，活着需要不断增值。

有时，我也会产生难过或者是后悔的情绪，以前，我以为这不正常。但是，刘心武老师却认为，这是好事，这是对生命的觉醒和负责。生命是艰难的，拿我来说，从小就身体虚弱，然而长大了，却又过着跋涉的生活，我的生命注定是流动的。

作为一名教师，不能想着总是去改造他人，总是抱怨学生的顽劣与任性、家庭教育的缺失、社会体制的不尽完善，而应该时刻反观自己的人性。

世界是多样的，每个人都有自己的看法，当你与他人交换看法时，一个全新的世界可能会映入眼前。也就是说，教育者需要先看清自己，再去唤醒他人，先要照亮自己的人性，再去点燃别人的心灯。

做一个真实的自己，还原真实的自我，常怀悲悯的情怀，懂得原谅与宽容，这是世界上最伟大的精神。自己变了，周围的世界也就变了。

叶圣陶先生在其文章《如果我当教师》中有一段精妙的论述，其阐明的观点耐人寻味：

我不想教学生做有名无实的事情。设立自治会了，组织学艺研究社了，通过了章程，推举了职员，以后就别无下文，与没有那会和社的时候一个样：这便是有名无实。做这种有名无实的事比不做还要糟糕；如果学生习惯了，终其一生，无论做什么事总是这样有名无实，种种事务还有逐渐推进和圆满成功的希望吗？我说比不做还要糟糕，并不是抱着多一事不如少一事的心思，主张不要成立那些会和社，不要有图书馆种植园之类的设备。我只是说干那些事都必须认真去干，必须名副其实。自治会硬是要"自治"，研究社硬是要"研究"，项目不妨简单，作业不妨浅易，但凡是提了出来的，必须样样实做，一毫也不放松，每一个机会都不放过。而且，那决不是一时乘兴的事，既然已经干了起来，便须一直干下去，与学校同其寿命。如果这学期干得起劲，下学期却烟消云散了，今年名副其实，明年却徒有其名了，这从整段的过程说起来，还是个有名无实，还是不足以养成学生的好习惯。

这段话表现了叶圣陶先生的教育思想，也切中了当下教育的一些弊病。叶老的后代叶兆言先生说："祖父八十多岁时，一天能坐八个小时学习工作。"长辈的工作方式会影响孩子，我突然发现了自己的不足与改进的路径。

叶兆言说"课堂连着书房"，我认为很是经典。如今新课程改革，要求教师要有课程领导和开发的能力，但是，有时听到教师抱怨，手头没有资源。这与教师不好阅读是有关系的。

我明白了，我应该把眼下所做的事情，当作一生中最伟大的事情，努力把今天做好，努力把自己的心放下来，做好一名教师。

王允庆先生让我明白了，一名真正的理性地做教育的人，不仅关注道的层面的思考，更关注术的层面的实践。他的"从专题性阅读到转化成一个项目、一个工具为自己的教育教学服务"的读书思想深深触动了我，引发了我的共鸣。我还前往王先生的研究基地参观，对他的增值性评价的观点很是认同。我以为，这才是关注学生个体人性的起点，一切一刀裁式的教育改进策略都是违背教育规律的。基于目标的教学设计，基于数据的改进教学，基于数据的个性化辅导与学习等直面教学实践的问题吸引着我。我在思考：学生的综合素养评价是不是应该与增值评价相结合？是不是也要考虑基于数据？

魏勇老师认为：当课堂上的学生想讨论时，老师要捕捉到这个时机，课堂上要及时回应学生的好奇心；课堂不要追求行云流水，要看到在场的学生；追求真相的能力比追求真相更重要，要把判断的机会交给学生。这不就是我一直主张的"批判性思维才是课堂教学的内在品质"吗？

我认为，一节课最关键、最核心、最精彩的地方和价值，是不同的问题能生成、精彩的观念能诞生。

我们能否停止匆忙的习惯步伐去探究学生的内心？能否直面和关照学生的真正兴趣和情感？能否创造机会和空间让学生生成观念、敢于质疑？能否尊重学生的选择和学习习惯？能否敬畏和欣赏学生的错误和幼稚？能否使自己教授的学科从内部得到拓展，为学生提供更有意义的学习？这些问题正时时拷问着我的内心。

魏老师最后说："今天的教育选择，决定未来。"这个命题的确考验着我们每一个教育者。

方华局长从一名地方行政官员的视角展示了他对教育的理解：重建校本课程的过程中要重视师生的参与；课堂是用来珍惜的，不是用来试验的；变革应由内而外；等等。

方局长还谈到了一群农村孩子每天下午跟随老师去河边捡石子，然后在这些石子上画图画的故事，并称其为"石子彩绘课程"。这让我想起了美国诗人惠特曼的一段话："有一个孩子每天向前走去，他看见最初的东西，他就变成那东西，那东西也变成了他的一部分。"学校课程就是留给学生的弥足珍贵的"最初的东西"。

由此，我坚定了自己的信念，只有为学生提供适合的课程，才能为每个学生提供适合的教育。一所学校必须有自己的课程理念，这种课程理念必须经由实践来展开，并经由实践来检验。学校内涵式发展的生长点在于课程改革，课程改革带给学校的变化是深刻弥漫的，也会是永久持续的。

社会学家郑也夫教授最后登场，他是个率性十足的人，但也是一个平易近人的人。他的讲座从不拖泥带水，单刀直入核心问题，绝不避讳。他对社会的思考与担忧，令我肃然起敬。

他的两个观点令我印象深刻：一是成才与事业主要靠长板，而非靠短板的弥补；二是一个好产品不仅需要好的图纸，更需要好的技工。这让我想到了自己的成长方式与安身立命的方法与信心，想到了当今教育的短板与改进方向。

郑也夫先生也让我看到了自己，甚至看到了自己的老年生活。好好地生活，好好地学习，好好地工作，老了也当如郑公，自由地思维，畅快地言说，朴素地生活。

因有朋友请客，错过了傅国涌先生的讲座《教育：触摸人类的心灵》，也就错过了领略民国教育那段历史和故事。所幸，在大连北站候车大厅里，我发现一家书店。我有一个习惯，凡遇书店，我定会去光顾一圈的。《四十自述》，胡适著，我欣喜地买下了它。在高铁上，我开始领略胡适先生的少年时代，他的九年家乡教育，在上海的求学经历，怎样到国外去等，算是弥补了丢失一场讲座的遗憾——跟随胡适先生的自述，穿越到民国，感知那个时代的教育。

胡适先生在回忆前往上海求学的经历时，曾写下这样一段话："我就这样出门去了，向那不可知的人海里去寻找我自己的教育和生活，——孤零零的一个小孩子，所有的防身之具只是一个慈母的爱，一点点用功的习惯，和一点点怀疑的倾向。"

看来胡适先生出发，同样也是要去寻找自己的。

自觉养成深度阅读的习惯

有不少学校组织读书活动，有以学校名义组织的，也有教师从民间意义上组织的，可谓一时掀起了读书热，在心灵上和专业上均有了一定程度的获得感，还有可能在选书、读书、写作等方面有方法上的启迪。这是一件很好的事情，大家都意识到读书是教师的第一修炼，是对生命成长的一种积累和完善，是对精神世界的一种重建与修补，更是一种很好的备课方式。

当面对比自己翻书还快、读书还多的学生，比自己信息技术还熟练、接收信息还丰富的学生，还有那些周游世界的学生，有个性兴趣特长的学生，有自主学习需求的学生，有超强学习能力的学生……我们无法预料到学生会提出什么问题，自己应当怎样应对。这就意味着，教师专业发展的个性化时代来临了。作为一名教师，必须首先成为一个读书人，成为一个喜欢阅读经典名著、博览群书的人。

理想是丰满的，现实却是骨感的，一阵读书论坛热后，热情激昂的参与者能不能长期坚持下去？会因此形成阅读的兴趣与习惯，达致深度阅读的境界吗？这就很难得到保证了。往往会出现以下现象：要么参与者越来越少；要么无疾而终，不了了之；要么读了几本书，感觉没有多少用处。当然，这些教师还是令人敬佩的，起码他们还有读书的欲望，有参加读书活动的行动。更多的教师根本就不想阅读，读不进去一本书；也不懂怎么读书，有时只是出于应付学校的规定而已。

教师作为心智比较成熟的独立个体，是自我教育者。教师的教育梦想和情怀，教师的那份童心以及对教书育人的执著与坚守，这种源自内在的力量，是教师发展的根本动力，是任何外力都无法取代的。因此，自主成长，自觉阅读，这才是教师生命的底色、常态，是教师职业生命能够永葆活力和青春的动力源泉。其实，教师自己或是推动读书活动的领导者，可能忽略了读书方面的几个关键性问题，甚至可以说是内生性的根源问题。

一是没有明确自己未来想成为什么样的人。不少教师在读书时，不会选择适合自己的书来读，因此时间久了就感觉读书也没对自己的成长与发展起多少作用。这里面最重要的原因是对自己未来的成长目标不够清晰，对自己未来发展的可能性没有明确的定位。因此，最好要有自己的生命成长规划，根据这个职业规划定制自己的书单，有层次地、有选择地、由易到难地开展阅读。比如，你想三年内成为一名骨干教师，那就应该围绕这个目标来阅读，并预设好读什么书、读多少本、怎么读、读后怎么转化知识等。

在阅读共同体活动中，要重点关注以下两层目标：获知他人的见解和思想；检验自己的观点和逻辑。作为成长伙伴，不能满足于教师这一个体制内的身份，还要有另一身份，即基于民间的身份，共同谋划做一些事情，从而为改善自己的生存，为改善教育、教师生活做更多的事情。如此，这个读书群才会有吸引力和生命力。

二是不会进行深度阅读。不少教师的阅读只停留在浅层次阶段，如听书、自己读书、摘抄佳句，因此教师感觉不到读书的作用，所读书中的思想与方法也很难运用到自己的工作中去，便觉得阅读无用，甚至变成了一种负担。教师应该向深度阅读出发，比如读完了一本书可以写一篇阅读心得，并在自己的工作中进行实践操练、学以致用，让所学知识有机会获得转化。深度阅读后不仅要践行操练，还要输出，要愿意与他人分享，而分享的东西就属于创造性知识了。也就是说，把新知识链接到原有的知识结构中，通过阅读牵出自己的观点，用文字写下来与大家分享，逼迫自己原来的知识结构对新知识做出反应，阅读的成果也就诞生了。

三是缺乏产品意识。什么是产品？案例、课例、论文、随笔、论著等都是。但是多数教师在这方面普遍处于意识和能力缺失状态。比如，课上得很好，教学质量也很高，但是如果让他说出背后的原因与依据，便说不出来，让他用文字对自己的经验或主张进行梳理、总结、提炼、提升，就更困难了。

教师要教书，要读书，更要写作，哪怕读者只有自己一个人。教师的写作兴趣与能力也是普遍存在的专业成长过程中的短板。教师应该养成写作的习惯，写作是一种最好的反思行动。

有了产品后干什么呢？要主动创造机会寻找转化、认可与回报的平台。比如，要有发表意识，或发在自己的微信公众号上，或向一些报纸杂志投稿，或在自己的读书团队进行分享等，这都是发表自己产品的平台。要把产品转化成解决教育教学问题的方案，形成自己的话语体系，然后在实践中进行验证，指导行动，凝聚影响力，追求高品位的专业发展，做好自己的事业，拓展人生成长与发展的可能性。

阅读共同体要注意把富有生成性、创造性、实用性的新颖且独到的方案收集起来，放在自己团队的智库里，一起做一些教育教学方面的研究课题，待成果成熟，形成产品，以方便他人学习和借鉴。当自己的劳动成果在实践中有效果，被他人认可，得以推广，有了一定的影响力，自然会享受到真正的读书乐趣——原来读书还有这么大的意义和价值！

教师是读书人，都明白读书的重要性。如果大家都有实现自己人生成长可能性的愿望，规划好自己未来想成为什么样的人，懂得深度阅读的重要性以及技巧，有产品意识，会管理自己的知识，并愿意分享与发表自己的产品，就会享受到读书的乐趣，体验到自己的劳动创造能够带给他人好处的愉悦，阅读这一行为自然就会慢慢变成自己生命的一种自觉，与自己的职业生命成长化为一体，阅读这件事就能成为所有教师的最爱。同时，那些推动起来的阅读共同体也一定能长期坚持延续下去，并能逐步发展壮大。

培植自己的成长远见

暑期某日，听完校长线上培训班的讲座后到办公室读书，感觉读一整本书比读微信圈里散落的文章或不加选择地听讲座收获大多了。

我多次告诫一些喜欢读书学习的进步型教师，要完整地读完一本书。当然，读完一两本是感觉不到有多少收获和作用的，但是当你读完十本、二十本、五十本，甚至一百本的时候，你的大脑里自然就会形成自己的知识思维导图，它会自觉地与实践经历建立联系。此时的你不再是彼时的你了，你通过阅读与实践相结合获得的知识会化为自己的品质、风格，甚至是自己的主张、思想，进而再以这些品质、风格、主张、思想统帅纷繁芜杂的实践与经验。其实，这才是真实的名师练就的过程。

翻开书桌上成尚荣老师的论著《名师基质》，他对于"打造名师"的看法吸引了我："关于名师培养，见诸会议、文件和报刊，使用频率最高的词是'打造'。'打造名师'几乎成了教育领导和管理部门加强教师队伍建设的主要任务和策略。这并不奇怪，因为'打造名师'表达了他们对名师成长的一种急切心情，这种急切心情正是教育使命感和领导责任感的表现，是可贵的。'打造名师'还表达了教师尤其是优秀教师对领导和管理部门的一种渴求和期盼，希冀对他们有更大力度的培养，从而获得更好的条件和更高的平台，让自己更快地成长起来。这也是完全可以理解的。但是名师果真能'打造'吗？答案肯定是不同的。如果站在管理者的立场，把'打造'当作有目的、有计划地采取各种得力有效的措施的过程，对教师成长规定要求、提供条件、创设机制、搭建平台，这样的'打造名师'不是不可以，甚至无可非议。但是问题还有另一面，即'打造'毕竟是外部力量的使用和外部作用的发挥，唯物辩证法告诉我们，外因必须通过内因起作用。在教师队伍建设中，轻忽教师自身内在力量的作用，名师是

'打造'不出来的。'打造'的结果可能导致急功近利、浮躁甚至弄虚作假，结果'名师'不名。应该说，这是'打造名师'的一个重要缺陷，也是当下名师培养中一个小小的误区。何为教师的内在力量？简言之，就是人在自觉活动中不可缺少的自立性、自为性、自主性、能动性。这种力量自主发挥，才是教师发展的根本动力，也是培养名师的关键。"

有时被一些校长邀请去为其教师作"专业成长"的讲座，当走进学校的办公室时，我发现的场景常常是这样的：办公桌上仅仅是一些学生作业本，教师教案、教本，看不到关于教师生命成长方面的书籍。可以感觉到，这样的学校最关心的是每年的教学成绩，没有过多考虑教师的长期持续成长问题。即使邀请专家来为其培训教师，也是把目标紧紧锁定在今后如何快速出成绩。

有一次上级组织相关部门调研人才工作问题，我提出教师的自主成长理念，指出其中的几个关键因素——读书、写作、课题、课例、课程、研学、分享对教师的成长的重要作用。我尤其强调了写作是教师普遍的短板，也是制约其步入名师行列的关键瓶颈。其中一名校长就提出了不认同的意见，他说：我不反对写论文，但是这不是重要的因素。我能听得出，他把写作等同于写论文，甚至认为七拼八凑式的论文会影响老师的精力，耽误了教学成绩的迅速产出。当然，这是很多学校的老师一个常见的毛病，我也反对老师们写如此功能的论文。我所指的写作，不单指写论文，还可以是写故事、随笔、案例等，其意义更为丰富。

冯卫东老师在其论著《今天怎样做教科研——写给中小学教师》中有这样的论述："教师的工作既需要用自己的心灵，又最为关乎他人的心灵。教师要常常在自己的心灵中漫步，漫步是自由的、从容的和惬意的，它能使教师获得省思、发现和滋养自我的机会与能力。写作是教师进行心灵漫步的一种极好方式与路径。教育是为了生活，为了给人值得过的生活。值得过的生活就值得回味，写作正是回味的最佳渠道和方式。"

我国古时有部经典《左传》，提出了为人处世的最高标准，即"立德立功立言"，并称"此之谓不朽"。后来唐代的一位学者对这"三立"作了精辟的阐述："立德，谓创制垂法，博施济众；立功，谓拯厄除难，功济于时；立言，谓言得其要，理足可传。"

从传统的意义上讲"立德立功立言"的概念，主要是说人对社会的影响，并以此作为人生的价值取向。立德就是做圣人；立功就是做英雄；立言就是作文章。

人生在世，要活得有意义，主观上离不开"立德立功立言"的愿望，客观上也就是给这个世界留下了什么。我想，教师作为一名知识分子，担当"立德树人"根本任务，应该有为他人、后人留下些什么的勇气与智慧。

回想自己的成长经历时，正好看到河南王红顺校长发来的简书，是关于《远见》一书的阅读摘录，书中关于"如何规划职业生涯三大阶段"的观点，让我顿感兴奋，因为自己正好契合了这一成长规律。

书中认为，职业生涯的持续时间长得惊人，包括了三个截然不同的阶段。

第一阶段是强势开局的时候。你在职业上的努力必须着重于为前方的漫长道路挖掘和装备自己。你的学习要比职位、职称更加重要，要为职业生涯打好基础并建立起良好的早期习惯。

第二阶段是聚焦长板的时候。该阶段的首要目标是寻找自己的甜蜜区，即你所擅长的、所热爱的和这个世界所需要的这三者之间的交集。这个时候你要展现自我，让自己鹤立鸡群，想方设法平稳地走在那条收获最大的职场路径上。你要专注于自己的长板，且大可忽略自己的短板。

第三阶段，致力于实现持续的影响力，以及寻找一条可以稳定延续到60多岁甚至70多岁的新的可持续职业道路。

其实，用一句话概括，就是要培植自己的成长远见，把自己的成长放入一生的漫长时间里，让自己的整个人生都处在职业生涯的规划之中。

我过了职业生涯的第一个阶段，自己的职业人生已到了第二个阶段的尾声，该思考第三个阶段的职业成长了。我想，还是借用《远见》一书中的部分观点作为本文的结束部分，对一些年轻、中年与老年教师，可能都会有所启发。

书中说到"职场燃料"这一个概念，当然其含义比较好理解。"职场燃料"的三种来源是"可迁移技能、有意义的经验和持久关系"。"可迁移技能"是指解决问题的能力、说服式沟通技巧、完成任务的能力（包括人才引力）、帮助和求助的能力。"有意义的经验"是指创业、第二语言、跨国工作、志愿者项目、电子商务等。"持久的关系"是指上司、客户、商业伙伴、身边的人才、你的同类。

"可迁移技能"的盘点清单：学位、专业证书；语言，包括音乐和计算机语言；上司和同事在你的360度绩效评估中经常提到的优点；你收到的关于情商的评价，即上司和同事对你的社交状况和情感交流能力做出的评论；你的"人才账户"。历数你至今雇用和提拔过的人，他们在自己的职业生涯中继续获得提高和发展了吗？其中的佼佼者是否愿意再次为你工作？

"有意义的经验"盘点清单：一些有意义的经验，不管是工作之内还之外的，只要它们可以证明你至今为止的生活和职业生涯具备多样性；个人旅行经历；国外工作经历；企业管理或创业经验；社区或志愿者活动；包括你个人贡献的大型活动、产品发布或知名的项目；公开演讲、写作或表演的经验；教学、咨询或指导的经验；兴趣爱好、业余活动和工作之余的热情所在；其他生活中的经验和挑战。

"持久的关系"盘点清单：联系人；专家团；关键同事；支持者（个人董事会）。

虽然这三种"燃料清单"的具体内容与学校教育生活不是很一致，但是道理是相通的，可以依据里面的元素来准备、寻找、设置自己的"燃料清单"。

这就需要对时间进行巧妙的投资来构建，不把教师职业仅仅看作一份工作，而是生活的一大部分。时刻关注自己是否正在学习和成长，考虑增加你目前不具备的"可迁移技能"。不断重望自我，调整和纠正职业生涯的方向，建立新的人际关系，拓展职业生态系统。加速探索步伐，通过实践验证自己真正擅长和热爱的东西。

每个人都是一个成长中心，都是自己的成长领导者。书中有很多经典的语句，给人深深的启发：每个人要成为自己品牌的经理。良好的旅途总是发生在迷路时。精通的秘方就是意愿和时间。领导者要关注你的巡航高度。每个人都应该对那些点燃我们内心之火的人满怀谢意。重新组织你的经验，让它与未来而不是过去密切关联。重新包装老旧过时或有所欠缺的技能。重新连接职业生态系统，与联系人、专家团、关键同事和支持者建立新的关系来推动自己前进。重新建立自信，与那些支持你、理解你的人交谈，反思你的长板和在过去这些年里完成的特殊贡献，勇敢地去闯。……

之所以罗列上述观点，是因为它们触动了我成长过程中的心灵，使我感觉到重启、重建自己生命的重要性，并且不能等待，不管到了多大年龄，都应该有此观念与勇气。如同大自然是一个生生不息的生长体，人作为其中一生命体，自然要遵循其规律，违背它就会慢慢枯竭，面临死亡。

我知道该怎么做了，心情豁然开朗。培植自己的成长远见，是对自己生命的小心呵护；培植他人的成长远见，是对他人生命的真诚负责；培植教育的成长远见，是对教育事业的自觉担当。

第四辑
打破僵局自我突围

本辑导读

教师成长的密码是什么？教师如何超越庸常的生活？有可复制、可操作的案例吗？结果不言而喻，正如世界上没有两片相同的叶子，一劳永逸的复制粘贴是万万不可行的。但如今太多人急功近利、急于成名，试问教育和自我发展可以如此吗？

答案当然是否定的，任何急功近利的想法和做法都不可能如愿以偿。

我们要追寻健康的可持续发展的成长，这不是一朝一夕或某一阶段的事。无论是生活还是职场中，我们常常听到"顺其自然"的论调，常常看到有些人一副与世无争、任其自然的样子。看破红尘，快乐在当下，是很多当代人的写照。

其实"顺其自然"本来的意思是说：只要观察事物发生的状况，就可以知道事物发展的未来；为人必尽其本分，然后才能自然发展。很多时候，我们连应尽的"本分"都没有做到，怎能大呼"顺其自然"呢？

胸藏文墨虚若谷，腹有诗书气自华。心灵需要适时清空，清空了才能吐故纳新。教师的成长，始于心灵的觉醒，抱怨和闲聊将会不断磨掉最初的梦想和年轻的棱角。

由一名农村普通的教师成长为特级教师、校长的经历告诉我：不能改变环境，那就改变自己，靠自觉行动赢得尊重；外界声音嘈杂纷扰，那就坚定自己，做一个沉默中坚韧向前的人；遭遇迷茫和困惑，那就反求诸己，坚守最初的那份执著，幸福感才会不期而遇，如期而至。

信誓旦旦的努力或承诺遍地都是，专注和持之以恒的付出才是真正稀缺的。任何变化都不是突然发生的，每一个微小的细节日积月累会形成你的职业形态，也正是因为这些细微的选择差异造就了不同的教育人生。

教师权益需要自我救赎

教师权益需要自我救赎！写下这个题目，似乎表现得很是无奈，也有点息事宁人的意味。

大家应该都知道，教师的合法权益必须得到维护，这是法律赋予教师的基本权利。只有当一名教师的人格和权益都得到合法、全面的保障时，他才有可能获得应有的社会地位和个人尊严，他才能培养出人格独立、人品高尚、自尊自强的社会新人。

但纵观当下实践与现实，却不容乐观。教师的权益问题成了社会和一些媒介诟病的重要领域，成了教师工作精神负担和压力的重要来源。教师不好当，安全不出问题成了学校头等大事绝不是夸大其词，教师行业成为高危职业已不是一个说说而已的轻松话题。

任教和做校长多年，我曾亲自带着因惩戒学生不当的老师，提着水果和食品，到学生家中向家长道歉。因学生课间玩耍，一方伤害了对方的眼睛，造成视网膜脱落，受伤学生家长不听学校协商和走法律程序的意见，而是带着其80多岁的老人上访，学校为了保护班主任老师不得不赔款了事。我还在媒体上看到过"杀师"事件，亲耳听说过家长跑到办公室打老师的现象，至于学生打骂侮辱老师的事情更是屡见不鲜，不足为怪了。

更莫名其妙的是，因为我多次与家长沟通其孩子学习习惯不好的问题，家长不高兴了，竟然跑到学校找到我说："我很爱我的孩子，我不需要你对他这么严格，他的学习你就别管了，我们会想办法的，否则，我就到教育局去说说。"我只好笑脸相迎，连连点头称是。

这样的事情很多很多，但是为什么最后总是以学校和老师的臣服和失败而告终？也许有人会问，为什么不走法律程序？是啊，老师和学校都想如此，可是有的家长不想走啊。为什么不向上级领导汇报寻求帮助？第一时间汇报了啊，上级领导又有什么办法呢？

教师摊上事，真的是没有地方说理，也没有谁敢为其撑腰，闹不好，连自己的饭碗都会丢掉的。出现了类似事件，受伤害和接受处分的往往是我们的教师。

的确，在新形势下，新的教育理念和学习方式提倡以学生为中心，学生的地位被无条件地提高，教师的地位却被无情地降低。现在很多家长过分溺爱孩子，这在客观上强化了孩子心中、眼中无他人的性格和情感；更重要的是，这种"溺爱情结"甚至影响到了家长自身，使少数家长不能正确地对待师生关系，让孩子的事情冲昏了自己的头脑，认为自己的孩子是天下最好的，"老虎屁股摸不得"，教师批评教育一下就找上门，对教师大加指责，毫不掩饰地表达对教师的不满和失望。

还有的家长受"拜金主义"价值观和一些不良社会现象的影响，遇到事情不分青红皂白，动不动就动用"政府热线、上访闹事、媒体曝光"等方式来威胁学校和教师。

在倡导平等的新型师生关系时，我们一心向着孩子，却忽视了师生关系相对于人与人之间一般关系的特殊性。东西方文化、传统和现代文化等多元文化的冲突也影响了家长和教师之间合作的良好生态，误导了不少家长和社会对教师形象不正当定位。

即使在学校里面，因为学校不科学的管理，如管理机制、规章制度、文化建设等方面与教师的权益规定不相一致，也会造成在办学和管理过程中，有些方面不利于中小学教师权益的保障和维护。比如由于学校领导缺乏民主法制意识，学校缺乏合理评价教师教学工作量的指标体系和及时调整教师劳动报酬的有效机制，导致教师的考核晋级、评先树优等不按民主程序运作，仅仅按教学成绩评价教师工作业绩，甚至是随意安排教师节假日加班加点工作等现象。

教师权益得不到合法维护，不仅仅使教师的人身安全和心理健康受到威胁，甚至导致了教师专业发展因缺乏动力而难以持续，教师难以实现自身的价值而产生严重的职业倦怠问题。

教师的工作现状和生命状态何以至此？到底由谁来担当加以改善？美

国 2009 年的全国年度教师托尼·马伦的教育信条对我们应该有所惊醒和提示:"最伟大的社会变革机构是学校,最伟大的社会变革工具是教师。"我的理解是,作为教师,我们有权利来维护好自己的合法权益,也有义务来推动学校和上级部门做到依法治校,影响社会形成尊师重教之气。我们不应该只是抱怨外界环境的不利,抱怨他人对我们的不尊重、不公平,我们应该自觉重构自己的教育价值观,认真学习法律知识和教育理论,进而改善自己的实践策略,提升自己的教育素养,这才是真正意义上教师。

曾经在微信圈里发起过相关话题的讨论,有两位老师的观点我非常认同。解淑娟老师说:"如果老师能真正地关爱学生,只要是为了学生好,管得再严家长也能理解。与家长交流也是一门艺术,不管家长多无理也要耐着性子与家长交流,取得家长的理解、认可和信任。我们是学生的老师,对于不会教育学生的家长,我们应该帮着提高他们的育子水平。只有家校携手合作,共同努力才能培养出英才,这样的教育才能达到事半功倍的效果。"岁月静好老师说:"做了妈妈,我发现家长提出的所有想法都是可以理解的,所谓'可怜天下父母心'。我们试着从家长角度去想问题,无需刻意耐性子,也能达成共鸣。作为教师,其实有一个非常公正的评价,那就是家长的口碑,从孩子挑班就看出来,'金杯银杯不如老百姓的口碑'。关键问题是我们想要教育界的一纸证书,还是想当家长口中的好老师。体制健全的学校两者不矛盾,体制略有偏颇的学校,需要教师自己把握,以平常心成就职业幸福感。"

对于今后的行动,两位老师已经给了我们很好的答案,我们每个教师都要自觉行动起来,把真正的爱奉献给每一个孩子,奉献给教育事业,为恢复社会对教师应有的尊重,恢复良好的教育生态环境尽自己的一份努力。如此,方能保证教师正常行使教育教学权,平心静气地做好真正的教育。

教师内心的安定是最强大的吸引力

多年的教师生涯,让我看到了自己,也感受到了一个个学生成长的变化。我们的精神滋养与灵魂路途是否真实地与学生渴望的样子接轨?是否在真实的情境中邀请自己的思想与自己的原始个性和谐地融入到学生的心灵里?

每一个人的成长,从源于惊奇、赞叹,到经历怀疑、鼓舞,再到建立信仰、使命,这是形成思想、个性、情感和人格的过程。教师所实施的教育行为,本质是以自己的思想、自己的思考来影响学生,真正的教育者总是怀着鲜明的思想和信念去接触学生,在学生面前表现自己,敞开自己的内心世界。

苏霍姆林斯基说:"必须使教师的人格能吸引学生,以其思想和生活观点、信念、道德伦理原则、智力的丰富性和热爱劳动的品质的完美性来鼓舞学生。这首先就是教师在生活、工作、行为中体现的理想、原则、信念、观点、道德和伦理立场的和谐统一体。没有这个统一体,也就没有教育者完美的人格,也就没有真正的学生集体。"

我们是在用和谐统一的自己与真实的学生交往吗?单纯地说教,凭借个人的技术、精力,甚至是自己的天才和创造性劳动等,都无法形成一种现实的力量,圆满完成对学生的影响,使受教育者能够检点自己、反省自己和控制自己。

只有当学生树立起自我教育的愿望,愿意去自主学习,培养起道德自立所必需的毅力时,教育才会真正发生,教师的人格才会发生影响。

但是,现实却往往并不像我们希望的那样美好。教育世界里总会有一些东西或力量让我们变得庸俗不堪。我们会不自觉地绕着自己的利益打转，为了解决眼前的问题，我们会追赶成败的影子、虚荣的影子、悲伤的影子、愤怒的影子……

有的教师内心里塞满了一些庸俗的事物，如自己学科的成绩不如别人，自己班级的量化考核可能被通报，害怕他人评论自己的积极进取等。可怕的习惯绑架了教育和教师，推动着教育的浪潮恣意泛滥，一波波一浪浪涌向不能把握的未来，涌向每一个活泼泼的生命。

我们做教师的，不应该总是寄希望于他人尊重自己，希望社会必须重视自己，希望自己始终保持行为正当，我们应该从那些琐碎的、令我们疲惫不堪的事务中彻底脱离出来，不要担心或恐惧他人是怎么评价我们的。自己内心的安定是最强大的吸引力，自己变了，周围的世界也就变了。学生真的需要一种自由，去发现自己一生真正喜爱的事情，对自己的生命有所选择。而内心不安宁的教育者是没有勇气、机会和灵性来理解和解读学生的生命需求密码的。

我们教师的生活准则应该是个性与精神的一致，道德与言行的和谐，内心与信念的融洽。把知识、真理和规则化为自己的思想和见解，通过不断学习收获智慧和美好情感，永远瞄准将来美好的目标，与自己志同道合的学生和谐相处，相互成为崇拜者、支持者。

教师这一工作，其实是我们的一种生存目的和生活蓝图，这是命运的自然安顿。我们的思想和生活应该忠诚于这一事业，感激这生命旅途中的处处盛景、次次相遇。教师和学生的个性、思想与行动实现内在的自转，所做的任何事情都是在履行对个人、他人和社会的义务。这样一想，教育的幸福感会从天而降，总是不期而遇。

当经历涤荡的内心不再有任何卑贱的想法和事物时，真正的教师回来了，教育就会显得再简单不过，只不过遵循规律运行而已，学生的个性得以自然地成长与绽放。

教育应该在真实的场景中，真实的人之间，有真实的故事发生，不必用虚伪的影子、圣人的姿态影响孩子，规训孩子。

释然了，心里平静了，不再感到寂寞，回到书房，读书、思考、写作、研究。转变自己的话语系统，学会与人愉快地交往，永远谦卑地向他人学习。

做一名内心强大的老师，认真谨慎地生活，自己才是自己的精神宇宙啊！

教师可以超越庸常生活吗

清晨，安静。不算多的车辆已经来来往往，马路两边早起健身的人也都专注于自己的锻炼方式，有快走的，有慢跑的，有牵着自己的狗儿遛跑的。早晨静得出奇，什么声音都能听得到，有脚步声，也有落叶声，最打动我的是环卫工人唰唰地扫地声。

他们都是平凡的，经历着平凡的人生，但他们的灵魂、行为与工作却是需要我们敬畏的。

想起了我们的老师，不也是如此吗？不到7点钟，有不少老师已陆陆续续赶往学校，看着他们匆匆的脚步，心中敬意油然而生！

曾与几位老师交流，我们谈个人的生活与爱好，谈教育研修与撰写心得，谈课堂教学、教学的个性化、教学资源的开发，还谈到了教学与教研的关系，也谈到了学生学习方式的转变，等等。我感觉到，老师们触摸到了课堂教学的脉搏，他们正在"望闻问切"，认真把脉，正在学习借鉴先进的教改经验，尝试创新自己的教学方式和方法。

课堂教学是师生在生命交流中不断成长的过程。教师能通过自己的学识、人格、道德来唤醒学生成长与生命的自觉；能启发学生的灵魂，引导学生发现、佐证、拓展其创造性和实现其求知探索的欲望；能创造令学生终生难忘的学习场景，让学生体验到思考的艰辛与愉悦，点燃探索大自然奥秘的激情，领悟到生活的意义和人生的价值。

令人尴尬的是，这些本属于教师的经验财富和精神财富，却因不少教师思想麻木、不知珍惜，不懂得积累、管理和总结提升而丢失了。那些缺少自信的教师，常常期待专家对其实践经验进行梳理提炼，渴望领导给予关注重视，憧憬媒体给予宣传推介。试想，如果教师的教学经验要依靠"外来和尚"挖掘提升，缺失自我总结、自我提炼、自我提升的历练，又如何实现专业成长呢？

教师的教学水平是一个厚积而薄发的过程，课堂教学不只是一种简单的技术操作。教师只有拥有广阔的专业知识背景，才能透视并了解教育的真相，才能理解课堂的真谛，使自己的课堂教学充满智慧与活力。遗憾的是，很多教师不想、不愿、不能做到汲取新知，丰富和提升自我，致使其文化知识积累不仅没有增加，反而在逐渐减少。

苏霍姆林斯基曾说："如果你想让教师的劳动能够给教师带来一些乐趣，使天天上课不至于变成一种单调乏味的义务，那你应当引导每一位教师走上研究这条幸福的道路上来。"那么试问，教师考虑自己的教学研究重点是什么了吗？教师是否有自己的教学主张？教师的教学研究方向和专业发展目标是什么？

《学记》里把"独学而无友，则孤陋而寡闻"视为"教之所由废"，将"论学取友"视为修业的"小成"。与何人为友，谈论些什么，有时便决定了人生的价值与精神取向。

德国教育家第斯多惠曾在《德国教师培养指南》中专门探讨了"教师和同事之间的关系"。他提出，教师要团结互助、互通有无、取长补短，经常交流教学经验，双方相得益彰，提高教学水平。他认为，青年教师应该每星期抽出一个晚上时间约请几个知心朋友欢聚一堂：研究基础学科，按顺序探讨，最好根据一个教师的教学笔记进行研究；交流经验，尤其是一些细节……每月用一天的时间或半天的时间参加教师联合会活动，参加所有小组的活动。在团队学习的浸润与影响下，个人成长才会有丰厚的土壤与适宜的气候。而这样的组织，这样的生活，教师们参加了吗？感兴趣吗？

走进孔子、苏霍姆林斯基、陶行知的世界，就会发现：原来他们都曾经那样的普通和平凡，他们都长久地站在自己的课堂上，他们都满怀激情与梦想挚爱着教育事业，他们都敞开自己博大的心胸包容和接纳学生。我们能不能有他们那样的情怀和素养，像他们一样耐心坚守和守望呢？

这些都是一线教师要寻找的"光源"——能够引领教师超越庸常生活，唤起心灵觉醒的力量。

说了一大通，初衷是解答一些教师的困惑，也想借此激励我们这些平凡的为师者，明晰应该怎么做，做些什么。

教师的工作有极强的个性化，也有明显的个人生活色彩，他人不能去干涉太多。教师真得需要一种文化自信，需要一种文化自觉，平静如清晨，平凡而厚实地前行！

教学主张是教师的专业生长点

一个教师，经过多年的教学实践与历练，一定会慢慢生成自己的主张，形成自己的风格。而他的主张，慢慢会与他的做人、工作、教学、管理等行为风格化为一体。待条件成熟了，就会变成学生、家长、同事所敬佩、可供学习借鉴的产品，不仅仅在当地小有名气，还会慢慢在全市、全省、全国变得越来越有名气。他的主张和产品，不仅仅适用于个人，他人也可以学习效仿；不仅仅适用于一所学校，对其他地区的学校也有较强的普及意义与价值。

"教学主张可谓古已有之，可以说，一部教学史就是一部'教学主张史'。当然，这里讲的'教学主张'是狭义上的，是指'主张者'关于自我教学行为的、比较上位的、能涵括与统摄多种更为具体的教学认识或理念的总体性的'教学观'，它是对'教学是什么''教学该怎么样''教学往哪里'等本体性（或根本性）问题的回应、回答和倡导。一般而言，这样的主张可以用一两句概括性很强的话语来揭示与表达。"冯卫东老师在其论著《今天怎样做教科研》中如是说。

基础教育领域的教师，大多在循规蹈矩地遵循上级业务部门和学校的规定动作，没有意识提炼自己多年的探索，形成自己的教学风格，继而形成自己的教学法或教学主张。其实，理想的教育，是需要教师能够创立自己的教学法，构建自己的教学主张的，即使普通教师，也应该如此。当普通教师能够创立自己的教学法，能够按照科学和规范的程序，对自己的教学经验、教学主张进行提炼和加工，并进行理性的升华、理论的提升，也就象征着他已经步入成熟教师的行列，因为由此他有了自己的成果和产品。

我在自己的教育生涯中，比较心仪这种做法，力争在自己的教学实践中形成自己的风格和主张，不只是整体的教学观念，就是具体的教学行为，如听、说、读、写等，我都会努力形成自己的风格，构建自己的做法。自己做了校长，更是注重引领教师走这样的道路。我一直提倡教师要有自己的思想和个性，有自己的知识与做法，鼓励教师成为专家型的教师和教育家型的教师。

我认为，教师不能成长为名师，其关键因素便是教师教学主张的缺乏与模糊。在教育界，往往时兴教师学习外来经验或遵从专家指导，却忘了构建自己的教学主张。我希望学校要慎重进行"一刀切"式改革，关注教师个性化的教学主张的生成发现；希望教师学会提炼自己的教学主张，经常对自己的教学进行思考，厘清思想脉络，逐渐由经验走向理论，让自己的教学精神、教学观念与学科文化融为一体。学校要尊重那些有教学主张的教师，努力支持他们的改革创新。当然，学校的教学改革主张首先要精准，教师的教学改革才会有效，形成不同特色的教学风格。

成尚荣老师认为：教学主张"犹如一个人内心的指南针"，是"思想的血液，风格的灵魂"；它是"名师成长的标志，名师成功的密码"；"失却教学主张，教学风格充其量只是一种可供一时观赏而无实质内容的，平庸、苍白的教学表演"；"没有自己的教学主张，就不可能诞生真正的教学流派"。

余文森教授说："如何从优秀走向卓越，走向真正意义上的名师？这一过程有很多制约的因素和条件。但是，从专业的角度而言，我认为最基础、最核心、最根本的是要提出、形成并凝炼自己的教学主张，我称之为名师的专业生长点。教学主张是名师的'第三只眼睛'，名师区别于普通教师就在于这只'天眼'。这只'天眼'有时像显微镜，可以看清很细致、很弱小的教育细节；有时像望远镜，可以看见很远很远的发展未来。就其本质而言，这是一只专业的眼睛、智慧的眼睛；它是理论与实践、认识与情感、知识与智慧的'合金'；一个缺乏教学主张的教师，是一个无家可归的'流浪汉'。"

教学主张的形成离不开实践研究。余文森教授认为，实践研究主要有三个层次：

一是教学主张的教材化研究——使教学主张有根有源。名师对教材的研究和解读不仅要达到一些基本的共性要求，还要达到更高的要求，即有独到见解：能够于平凡中见新奇，发人之所未发，见人之所未见；能够化枯燥为生动，化共性为个性，化腐朽为神奇，化平庸为智慧。这个过程就是名师教学主张的教材化过程。与此同时，不断从教材中挖掘、提炼出体现和反映教学主张的内容和意义，使主张变得厚重、丰富，有根有源。

二是教学主张的教学化研究——使教学主张看得见、摸得着。教学主张的教学化研究，简单地说就是要将教学主张作为教学的导向，并将其融入教学实践的每一个"毛孔"，使名师的教学活动"烙上"自己的个性，进而形成自己的风格。

三是教学主张的人格化研究——使教学主张名师化、精神化。教学主张还要进入教师本人，成为教师人格的一部分和特征，通过名师自己的生活和为人表现出来。人格化研究就是要把名师的教学观进一步升华为名师的人生观、价值观，并转化为名师的思维方式、行为方式和生活方式。

总之，教学主张表现了教师教学自觉的程度。有无教学主张，是教学是否成熟、是否优质的重要标志，同时是衡量教学风格、教学流派是否形成的重要标志。对名师个人而言，提出教学主张就是给自己树立一面旗帜。

2014年我在北京市育英学校任教初一英语时，针对北京学生的特点，决心从英语作为一门语言的习得规律出发，遵循语言的进化、成长和文化三大本原律，结合新课程改革理念和《义务教育英语课程标准》（2011年版）的规定，多年坚持进行"基于语言学习本体论的英语特色课程行动研究"。功夫不负有心人，我逐渐形成了自己的教学主张：

一是以聆听为学习切入点，驱动学生自然习得英语。声音是语言天然的生理的媒介，文字只是语言的人工媒介。语言学习首先是大脑对声音的加工过程，把声音与情感、声音与语义及语法联系起来的过程。此过程，即聆听话语的过程，具有本原的基础性作用。以往的外语教学体系，大多对聆听在语言学习中的关键作用重视不够，重读轻听，重文轻语，导致学生英语学习出现缺陷。因此我试图尝试一种新的英语课堂学习策略：在课堂上，自始至终从聆听开始，然后才是说、读、写；边听边观看，边做练习。课前课后，同时探索以聆听开始的活动，如听英语歌曲和英语广播、英语配音等。学习评价增加每学期一次的口语测试。

二是依据课程标准的精神，研发真实的英语文化素材。语言学习是学生与语言文化素材的互动，语言学习的启蒙素材是学生吸收外语的第一食品，它绝对应当是富含文化营养的食品，恰如母乳。外语学习接触吸收的真实的语言素材，能够对学生外语能力的培育产生长远的潜移默化的影响。以前，众多学生学习英语进步缓慢，即使通过了这个那个考试，最终能达到的中西文化修养的高度也很有限。用语言文化的"母乳"突破学习教材，是学好英语的不二法门。我选用原汁原味的"外版教材 New Headway"作为实验教材，同时自主研发一些适合学生的真实的语言文化素材，拓展课程资源，提高跨文化意识。

三是开发英语学习工具，挖掘语言表达艺术。语言不仅是人类最强大的交流工具，也是人类最优美的表达艺术。因此，不可把语言这一人类独有的永恒艺术仅仅当作实用工具。语言艺术包括聆听的艺术、口语表达的艺术、朗诵表达的艺术、文学表达的艺术、思想淬炼的艺术等。要学好语言，学习者应该把自己当作艺术家而非考生，熏陶哺育艺术家的美感，发展艺术家的鉴赏眼光，培养艺术家的气质，挖掘语言艺术表达的热情与创作冲动，超越考试。因此，我充分开发多种多样的语言学习工具，如积极利用音像、电视、书刊、网络信息等丰富的课程资源。在英语学习中挖掘运用各种专门艺术形式和手段，如英语游戏、英文诗歌、英语节日等，努力创设情境，把文本知识与现实生活相对接，模仿和再现英语文化语境，使学习者进入真实的、自然的语言交流之中，进入艺术再创造的角色，在不知不觉中掌握英语。

下面郑重推荐冯卫东老师在其论著《今天怎样做教科研》中归纳的提炼和形成教学主张的方法，以飨读者。

（1）从过往鲜活的教学经验中"长"（孵化）出来。

一位老师的课，其显著特点是"善变"，听其多节课，有共同特点

"少演绎,多归纳,善发现,优迁移",重在引导学生发现,再将发现力转化为后续强大的学习力。即便是演绎或迁移式学习,也尽可能少进行一般化练习,让学生做"小先生"。或者"发动群众斗群众",相教、互比、共学、同进,这样做使师生、生生之间的关系变得"复杂"和"好玩"起来,进而使学习活动变得更有情趣和意趣。这样就概括出这位老师的教学主张是"变构学程,裂变学力"八个大字。

(2)在教学之"实然"与"应然"的裂谷间"树"起来。

一位老师在课上站位过于靠前,个人"权重"偏大,过多也过早地表达、呈现了自我对教材文本的理解与体悟,在无形中窄化了儿童的自为空间。我希望她适当地把身位往后挪一挪,将"发现权"更多地交给或归还儿童。我建议她走上"发现语文"之旅。

于裂谷之间"树"主张,它所力求解决的往往不是小的、微观形态的问题,而是大的、根本的、要害的问题;它所引发的后续行为不是一般意义上的改变、改善或改良,而是一种转型,甚至是一场"革命",因此不能贸然而行。

这要积蓄、积淀丰厚的底气和底蕴,宜先立后破或边立边破,也宜小步缓走。此类教学主张可以和此前的实践行为有所悖反乃至"决裂",却必须和今后的实践行为交互吻合,心心相印。

(3)于典型课堂(课例)中提取精髓,把其中蕴含的可复制性因素的价值"放"出来。

听过一堂小学数学课,这位老师不时引着学生齐诵"学习要以一当十,不能以十当一""边做边想想得妙,边想边做做得好"等口号,还让学生在一个教学环节开始前"预想"或结束后反思将用或已用什么样的方法策略,课毕时再总结出若干条经验或教训。总之,他千方百计让学生做"明白人",努力让学生知晓、清楚应该如何想、怎么做。其实我脑子里有一个词应景而生——"自觉"(自我觉之,做学习的主人)。

"自觉理念"教学主张产生了,其含义是能唤起学生的主体意识,促进学生自我觉悟与觉醒,引领学生更自信、更积极、更有效地进行学习的思想与观念。它强调学习者对自我学习行为的觉醒状态、自省意识和调控能力，而不是懵懵懂懂、浑浑沌沌。

（4）把平素已做、想做和能做的理念、策略等"接"起来。

教学主张的炼制与形成也可以这样："杂取种种"片断、事实、现象、信息与理论，最终"合为一个"。只想到一点事实，只虑及一种理论，便贸然提出的主张，难以面对复杂的教育世界，难以接受现实的考量、实践的检验。"接"起来的教学主张犹如合金一样，因为它萃取而合并了许多优异的因子，所以思路较为开阔，站位比较高，也就有了更大的力度。

如一位老师有一个课题"理解教育"，又想起华应龙老师的"化错教学"，可以从"理解"和"化错"这两个词中分别选一个字——"理"和"错"，构成新概念"理错"，并提出"理错教学"的主张。

（5）从学校文化的整体背景中选定"圆心"，将课堂变革之矢"射"过去。

教学主张生成于"主张者"自身的文化之中，它一定不是一片没有任何文化根脉的浮萍；"主张者"也一定不是一个来无影，去无踪的"独行侠"，他个人又有着某种群体乃至社会文化背景，其教学主张所系的个人文化根脉充其量只是更大文化背景上的一个支脉。"主张者"可以观照其所在学校的文化背景，从中选准、瞄定"圆心"，将个人教学主张或课堂变革之矢朝着它射去。

如南通海门市一所三校合并的学校，只有其中一所学校有较好的校训——"大德曰生"（取自《周易·系辞下》：天地之大德曰生）。而海门位于"海之门"，海门教育要努力表现出"海纳百川，有容乃大"的精神气概，由此拟定"大德有容"作为该校校训，"有容课堂，分担教学"的主张应运而生。

（6）从学科的特质与规律中掘出内核，将教学之舵"拨"过来。

好多教学主张内蕴着各个学段、学科教学的"通性通法"，我们还要充分关照学科本身的特质和规律，从中挖出并凸显其特有的内核，再对教学方向进行精准调整。

如一位老师非常重视在教学中让学生探索、发现数学题背后的算理和学理，不会轻易地向学生演示做题的过程，也不把学生模仿着做对题目当作一种即时性目标,而是尽可能地、想方设法地让学生绕到题目(或表象)的背后,发现这里藏着的概念、原理等一些本质性的知识。由此,我想出"寻理"两个字,"寻理课堂"诞生了。

(7)借"童眸"来审视和思辨,将儿童立场和学科立场"融"起来。

巧用学生富含可爱童心、灵巧思维、睿智思想等话语,从中择取某个或某些词语作为关键词,并与教师个人的日常思考等连接起来,这样可以形成兼具童趣与哲思的教学主张。

有一次一位老师上公开课《城南旧事》,在课要结束时,该老师笑着告诉我们:"《城南旧事》的作者用儿童的眼睛看世界,这就叫儿童视角。"我由"儿童视角"联想到有一本小说《童眸》,它也是通过儿童的眼睛看世界的,儿童视角不是也可以叫"童眸"吗?可以把"童眸"引向更深处,作为教学主张。

走向自我认同与完整

2020年，我五十岁了。

有朋友说："你好像对进入五十岁的时光有一种仪式感。"是的，我要庆祝这人生当中最重要的时刻！

古人云，五十知天命，是说五十岁之后知道了理想实现之艰难，故而做事情不再追求结果。五十之前，全力以赴希望有所成就，而五十之后，对个人荣辱已经淡然。

我对这种解读不想完全认同。不知为何，五十之后我更有追求结果的欲望，当然不是追求立竿见影的眼前的结果。从表现来看，反而更加"发奋忘食""乐以忘忧"了，只不过对个人荣辱的确是淡然了，甚至在心里根本不会出现一点的蛛丝马迹。

有一个朋友，他是第一个采访报道我的人，他便是我无比尊敬的陶继新先生，比我大二十几岁，七十多岁了。他在六十岁退休时说过一句话："我永远六十岁！"其实他开启了更重要的人生道路，开启了新的生命之歌。从六十岁到七十岁这十年间，他竟然出版了四十六本论著。他说："我的目标是出版一百本书。"七十岁，应该是他人生最曼妙的岁月吧，如浓浓的美酒一般延绵醇香，他的那些目标会如汩汩清泉，流畅地冒出来，一本本的论著不知成就了人世间多少正待勃发的生命。

奥地利作家斯蒂芬·茨威格说过一句话："一个人生命中最大的幸运，莫过于在人生的中途，即在他年富力强的时候发现了自己的使命。"五十岁，在我目前的认知里，除非是不幸得了某种不治之病早些离开人间，应该还是如作家所说正是年富力强的时候。

过去，对于这句话我是无动于衷的，五十岁了，我却由衷地产生了共鸣，我终于明白了我之所以生存的真正意义，不是呼朋唤友的吃喝，不是蝇营狗苟的名利，不是拒绝成长的恐惧，不是虚无缥缈的游荡……而是如黎巴嫩作家纪伯伦的一则小诗所描述的一样：如果有一天，你不再寻找爱情，只是去爱；你不再渴望成功，只是去做；你不再追求空泛的成长，只是开始修养自己的性情；你的人生，才真正开始！

五十岁了，去发现那个最真实的自己，经营那方值得挥洒人生价值的"桃花源"，那里有真正的爱情、成功、成长、人生！

看到一位广州的朋友在其微信朋友圈里共享了这么几段话：

越来越多的人在抱怨过年越来越没有年味了。那么究竟什么是年味呢？

其实所谓年味，就是一代人的美好记忆叠加另一代人的负重前行。

当留下美好记忆的人终于长大，不得不扛起属于自己的那份责任，面对生活的苦与累时，自然就有了过年没意思的"抱怨"。

但也正是这样，才让我们知道了，曾经年前年后，父母忙前忙后的那份辛劳汗水，还有背后暗藏的那份生活苦涩。

虽然忙忙碌碌又老了一岁，虽然回到已经不太一样的老家难免有各种不适应，虽然恭喜过很多次我们依旧没能发财，但过年还是过年！

只要一家人在一起，无论做点什么，那都是幸福的，这种仪式感依旧需要我们传承下去，因为那是被爱包围的记忆，是让平庸生活发光的魔法！

这年为什么越来越没有年味了？不是这年没有年味了，而是现在过年时，最快乐的人不是你了，仅此而已……是啊，五十岁的人，终于理解了自己父母的那份苦衷与情感，他们给予自己的爱是多么的令人回味。而自己呢，将继承他们的故事，在晚辈面前复演这一幕一幕。那些晚辈会理解我们现在的所作所为吗？但愿能够继续传承下去吧。

是啊，五十岁后的每个新年，有可能不再有童年时期的快感，当然，也不应该再像童年那样天真无邪、无法无天地享乐。知天命就是知道自然规律的终始，从而能够耳顺知其微而不逆，到最后从心所欲而不失法度。

美国教育家杜威认为:"作为一个人,作为一个有欲望、有情绪情感和有思想的人,他所接受的与给予的不是外部占有物,而是拓展和深化有意识的生活。"

世界上所有的物质的东西是属于大自然的,没有一件属于我。我没有权利,也没有能力,更不想拥有它们,甚至当作自己的去迎合或强夺。我所接受的一定是那些善良的朴实的品质,是那些纯净的虔诚的请求;我所给予的一定是自我劳动的产物,是反复探索后的原创品。

只有不断创造属于自己的劳动产物和原创品,才能满足我进一步成长的需求,让我的人生更加丰盈自由,直抵更加有价值的生活。

人生没有终结,我的生活每天都在持续不断地重新开始,追逐清晨的第一缕阳光。生活有意识了,被拓展了,被深化了,这才是一位真正的"亿万富翁"。

在通往美好的道路上,我们需要逢山开路,遇水搭桥,但更重要的是,学会在不断修炼中驾驭"自我"的能力。首先,放下对未来功利的奢望,这就让自己有了心灵的自由,不再感到恐惧。其次,学会不断地沉思,能够辨清世界的喧嚣,理出自己的立场与逻辑。最后,坚持跳出舒适区,不做温水中的青蛙,走向心灵的觉察,解除本能里升起的那份"毒瘾",不断地实现自我的重建,坚守自己的教育梦想。

世界著名心灵导师克里希那穆提说过一句话:"教育不只是在学习学术课程,也是在教育你自己。"我想,我越来越愿意教育自己了,越来越有自我觉知的意识与能量了。我感觉走上了自我认同与完整的成长之路。

做一名教育成果的采摘者

寒假在家闲来无事,突然想到一件美好的事情:每逢色彩斑斓、硕果累累的时节,几个好友便喜欢相约去某个乡村庄园采摘。

比如,我们五个好友曾驱车到了一个乡村的樱桃园。主人很是礼貌,热情地帮我们选择哪棵树上的樱桃口味最好。我们欣然而往,心情愉悦地攀上梯子爬上树,望着满眼红红的樱桃,感觉心仪的,就探身抬手把它们摘下,放到另一只手里的篮子里。

描述到这里,作为教育人,我便自然想到了另一个情景:每逢学校教师上班、学生上学的时候,他们纷纷涌进学校的大门,有说有笑的,满脸洋溢着信心与好奇。而我,作为一名校长,不正像那位乡村樱桃园里的主人吗?我也要为这些带着希冀与梦想的师生们指明哪里的树上的樱桃会更甜,口味最好。这种隐喻是校长的一项重要职责。为师生营造一个安全整洁的优美环境,构建一种积极向上和谐幸福的文化场域,准备一系列可供师生学习休闲的空间与课程,以方便他们来采摘。

思绪继续延展,往深层里想,我认为,校长还有一项很有意味的任务,也是他的一项重要职能:他本身也是一个采摘人,如那位樱桃园里的主人,有礼貌、热情、优雅。我愿做这样的一个采摘人。

一、我愿意采摘每个人的心情

每一名师生从表面上看起来,好像都很高兴轻松的样子,但其实不完全是这样。老教师们,有的身体某些部位会感觉不舒适,甚至会疼痛;有的老师家里老人身体不好,却顾不上多陪陪;有的老师突然被某个学生或家长给气着了,情绪极不稳定;有的老师正在被各种学习会议活动纠缠得焦头烂额；有的年轻老师可能正在为交朋友烦恼着；有的老师会因为一堂失败的课而懊悔；等等。

而学生们，虽然还是一群孩子，但是他们有他们的烦恼：考试成绩下降了；被同学误解了；与家长怄气了；被老师忽视了；没选上喜欢的社团；自行车轮胎跑气了；等等。

每天，我都会漫步在校园里，当我遇到向我打招呼的学生，我也会礼貌地与他们打招呼。有时我会把他们喊过来，问他们一些事情。比如，我问："你们喜欢这个校园吗？"他们会洋溢着笑容说："喜欢。"我又问："为什么？"他们回答："我们的校园优美、干净、温馨、静谧、有书香……"有的干脆说："老师们好，我们每天都很轻松，我们都不愿意回家了。"有时体育课后，我会问几个走过来的同学："你们累吗？"他们回答："校长，我们不累，我们很高兴。"放学时，我总是找几个不同年级的同学，问他们："作业多吗？晚上几点睡觉啊？你们这一天过得还顺利吧？"……

从早到晚，我会不定期地走进每一间教室，看同学们阅读、听讲、做眼保健操，根据现场情景，有意无意地与更多的同学交流。我很在乎他们在学校的心情好不好。他们每天的心情好与差，是我作为校长一天的工作是否合格的晴雨表，是我工作反思与调整的依据与标准。

一天里，从早到晚，从室外到室内，我会遇到每一位老师：张老师，今天你穿的衣服这么优雅；王老师，你今天看起来很高兴啊；李老师，今天你又跑了几圈啊；赵老师，祝贺你获得了演讲大赛一等奖；刘老师，你站在讲台上那么神采飞扬；杨老师，你们教研组集体准备的展示活动太精彩了；杜老师，这次外出学习收获不小呀；周老师，你的随笔《我的学生时代》真感人……遇到老师，我都会与他们交流，我想获取他们的心情，让老师们发现自己的美好心情，互相感染对方，这样，整个校园里就弥漫着一片喜悦，传递着各样的感动。

而当遇到有些老师心情不好，我会产生同理心，一起诉说人生的沧桑、人生的短暂、社会的无奈，我会提出一些改善的建议，安慰彼此的心灵。

我经常说，老师来到学校不仅仅是为了一起工作学习的，更是为了来一起生活的。采摘老师的心情，是为了丰富自己的心灵，与老师一起享受教育的幸福，彼此温暖，相互关怀，尊重每一个高贵的生命。

二、我愿意采摘每个人的品质

早晨一进入学校，你会看到一道靓丽的风景，那就是每个班值日的同学在认真地清扫自己的卫生区，春夏秋冬，从学校建校开始，从来没有停过，无论是刮风还是下雨下雪，无论是炎热还是酷冷。为了后来的师生的行路安全，每次下雪，值日的师生都一如既往地早早来到学校，埋着头，弯着腰，专注地清理积满厚厚白雪的道路。这是一种浓浓的为他人着想的品质，一种无需提醒的真正的高贵。

我领略着每一个有礼貌的学生与我的交流。"校长，您支持我组建一个我自己的社团吗？"这是学生对个性化兴趣培育的主动出击。"校长，我想向您提个建议，有的老师上课讲得太多，我们自我思考体验的机会偏少。"这是学生参与课改的真实感受，欲获得更多学习的权利。"校长，今天我表现很好，再没受到老师批评，您给我签个字证明一下。"这是学生对自主管理效果的自我评价。"校长，我们邀请您去参加我们班的情景剧展演，希望您讲几句话鼓励我们。"这是学生在校园里社会化交往的萌芽展现。"校长，我们的课下作业太多了，您看是不是与老师说说少布置点？"这是对学生自我权益的维护。"校长，请尝尝我们自己做的饮料，您每天太辛苦了。"这是学生尊重老师的真情表达。

我想，不仅仅是我，我相信，我们的老师们，每天都会被这些来自学生们的真挚、纯情的表达感染着，感动着。这些来自学生的天性品质就是我们的育人目标与劳动结果啊。我要一一采摘下来，放置在校园的每一处地方。

在教学楼走廊里，安老师每天早晨7:00，都准时坐在他的流动办公桌前，身边围着几个学生，在与老师一起解决数学问题。我静静地看着这情景，被师生良好的关系与勤奋的精神感动着。一天我值班，感觉起床应该是最早的，天还暗暗的，却看见一个身影从教学楼里走出来，手里拿着一个笤帚，原来是年级部张主任，她早到办公室了！她以身作则的品质，每个老师都很敬佩。杜老师，做了一场大手术，胰腺、胃、肠子都被切除了一部分，当他好些后回到学校，却对我说："校长，对不起了，给学校添麻烦了，我要回来工作。"这是多么让人敬佩的爱校如家、视工作如生命的品质啊！何老师，一名财务人员，老公公去世了，但学校老师们的工资表却必须那两天完成，她到我办公室说："校长，我老公公去世了，但是学校的工作还不能耽误，我抓紧做。"她走后我流泪了！这得付出多大的代价啊！牺牲了自己，服务了大家！周六，该休息的时间，王老师与彭老师为了把元旦期间的社团文化节的节目做得更好，他们在一遍遍地指导学生走台表演，这是一种对工作高度负责与对专业极度敬畏的品质！

这些老师是学校老师的代表，我敢说，学校的每一名老师，其背后都有让人怦然心动、感动落泪的故事与事迹，都有感人至深、高尚无比的可贵品质。就是这些老师，编织了育英学校密云分校的发展传奇。他们的一个个品质，我要敏感地去捕捉，诚心地去采摘。

三、我愿意采摘每个人的产品

我在校园里转，为的是发现同学们的作品，比如手抄报、活动海报、班级黑板报、书画作品、手工制作、读书心得等；发现同学们的朗读展示风采、演讲辩论气场、运动健身激情等；发现同学们的一个个小小创意，比如提醒注意关灯的卡通图案、收集同学们遗忘物品的纸箱、风筝节学生自制的风筝、对校训"好好学习　好好学习"的解读文字等。我还走进课堂，发现那些认真听讲、勇于质疑、乐于合作的同学，发现一些写得认真的学生笔记和作业本，发现那些打动人的学习思维的场景。我都用手机拍下来，做成美篇，配上音乐，与全体师生分享。

一天，我漫步校园，突然间发现，一些井盖怎么变得五颜六色，有五星、有汽车、有鱼……

原来是学校美术老师在上课时，把这些井盖当作了学生展示创意作品的阵地。以后，我时常看到这个老师与同学们一起，三三两两，围在井盖旁涂涂抹抹，看同学们高兴的样子，我也被感染了。

又过了几天，我发现刚装上的空调外机的白色护罩上多了由红、黄、蓝、黑、绿等多种色彩组成的美丽图案。学校由此添了很多色彩，让人眼前一亮。

我还热衷于采摘老师们的主张与实践经验，我在每个教室里安排一张课桌，课桌上放着一个写有"课堂学习走访"的红色桌牌，目的自然是想走进每一位老师的课堂，虚心地向每位老师学习，去采摘老师们的实践产品。

采摘一个个实践经验，帮助老师物化自己的主张与经验，协助他们分享与发表，是我乐此不疲的事情，我觉得这就是我的事业，我的责任。引领老师走上研究的道路，使老师们有获得感，才能让老师们解放自己的职业情感，真正爱上自己的工作，享受到教育的真正幸福感。

我愿意采摘校园里每个人的心情、品质与实践产品，还愿意采摘校园里的每一处空间，每一处时光变幻的风景，甚至是一个微妙的感觉，一次不经意的相遇。

愿意采摘是一种享受，一种感恩，一种彼此关怀的真情演绎。我认为，有愿意采摘的情怀，是校长的一种治理的智慧实践，是一种校长领导力的展示，是学校"成就每一个人"的办学理念的具体落实，是生命再次实现自我突破的表现，更是一种追求自由管理的境界。

用沉默来完善自我成长的可能

有一年,我到大连市一所学校参观学习,一进教学楼大厅,在右侧墙壁上,赫然写着四个大字——沉默是金,我便问身边的校长这是什么意思。校长告诉我,这是学校的校训。一时我没有理解,因为当时正是新课程改革如火如荼之际,小组合作学习、学生精彩展示、掌声、笑声、争辩声等课堂元素正流行。这个学校怎么会反其道而行之呢?

我个人猜测那所学校之所以取"沉默是金"为校训,应该是取其此义:一个人沉默、谦虚、奋进,往往会越来越好。孔子说:"确乎其不可拔,潜龙也!"这可以用来指代沉默的作用。该校希望师生"讷于言,敏于行",能够做到"知行合一"。

我一直不认可那些表面上追求人人跃跃欲试、人人雀跃欢呼、人人振臂高声的课堂气氛,那些认真倾听他者的学生,把发言的机会让给同学的学生,静静地做笔记的学生,不也是课堂的主动参与者吗?一堂没有任何声音但思维在积极运行的课堂不也是效益高的课堂吗?我经常看到有些老师总是喋喋不休,是个问题就马上给学生指出,但是时间久了,学生却视而不见,习以为常了。但是有的老师面对正在喧嚣的学生,眼睛盯着每一个人,冷静坚定地保持着沉默,学生反而很快安静下来了。这时的沉默是一种很有效的教育艺术,是一项很有用的管理技巧。我们不能再忽略甚至轻视那些沉默者了,也许这里面才会出现真正的智者,真实的学者。

一直不想参加一些人多的聚会,我不能忍受那些夸夸其谈者,无法理解那些暴雨般的连珠话语,在那样的空间里,我的沉默寡言显得异常另类,似乎感觉到了一股股嘲笑涌向我:什么都不懂,没有情趣,不够合群,故作清高。我更喜欢清静一些,喜欢享受一点孤独,这样我不会被引向自己不喜欢的环境里去。我还是要找回自己的本质,自己的那个星球。

沉默是金，管好自己的嘴巴，利于修炼好内心，犹如潜龙在渊。现代国学大师曾仕强先生说："我再三建议所有人，有任何刺激过来的时候，把嘴巴闭起来。一般人都是刺激过来了，就张着嘴巴说话，事后会非常后悔，因为很多的祸患都是从这里出来的。嘴巴一闭起来，刺激就会上升到脑海里去，就会转来转去，这就叫作谋定而后动。"

我有一个习惯，白天如果说话太多，晚上会感觉不舒服，感觉能量往外散发得过度。回顾说过的话，总后悔说得太不合适，生怕把人家伤害了，或是引起对方的不愉悦。有时也有这样的感觉：自己的心思和秘密被别人知道了，感觉到了自己的不安全。

在《易经》中有一卦叫"谦卦"，象征着谦谨。只要谦虚地待人接物，做事必然亨通。一个人内在心智成熟，便会引起外在言行举止上的谦虚，待人待物都毕恭毕敬。当我们见识多了，经历多了，才知道"人外有人，天外有天"，因此更加心怀敬畏，做人做事小心谨慎，如履薄冰。

当我们感觉自己很渺小的时候，行为才会开始伟大。学校有两栋楼分别取名"知健"和"知坤"，语出《易经》："天行健，君子以自强不息；地势坤，君子以厚德载物。"自强不息，厚德载物，说的是人要效法上天的品德，以刚健的精神自强不息；应当效法大地的品德，用厚德承载万物。其本质，就是通过改变自身，让自己少受坏毛病影响，或是免受其害，直到变害为利。不断改变，努力奋进，让奋斗成为一种常态，活到老学到老，则总能在日积月累中由量变到质变。

我总是与我的同事说这样的建议：要修炼好自己的内心，让自己的内心坚强、坚定。苦和甜来自外界，坚强则来自内心，来自一个人的自我努力。

永远保持一颗谦虚敬畏的心，去尊重他人，向他人学习，在成就自己的基础上，去虔诚地成就他人。在这个意义上，我终于彻底理解了那所学校校训的真正内涵。

偶然间打开台湾台北教育大学张世宗教授的微信，一个真实的故事映入眼帘。

在某婚宴上,一位中年男士认出他小学的教师,于是上前恭敬地说:"老师,您好!您还认得我吗?"

老师说:"对不起,我实在记不起来。"

学生说:"老师您再想想,我是当年在课室里偷了同学手表的那位学生。"

老师看着面前的这位学生,还是摇了摇头说:"我真的认不出你。"

学生说:"当时您叫全班同学站起来,面向墙壁,再用手帕蒙上自己的眼睛,然后您一个个搜查我们的口袋。当您从我口袋里搜出手表时,我想我一定会受到您的谴责和处罚,一定会遭到班上同学的鄙视,也将在我人生中烙下不能磨灭的耻辱和创伤。但是事情并不像我想象的那样。您把手表归还给物主后,就叫我们坐回原位继续上课。一直到我毕业离开学校那一天,偷手表的事从来没有被提过或被传过。老师,现在您应该记起我了吧?"

老师微微笑说:"我怎么会认得你呢?为了同学之间能保持良好关系,为了不影响我对班上同学的印象,当时我也蒙上自己的眼睛来搜查学生的口袋。"

学生听了,紧紧抱着面前这位老师,师生俩就这样彼此默默拥抱着,拥抱着……

给人容身的空间,给人转身的台阶,这不仅是慈悲和智慧,更是一种高超的境界。

我惊叹于这位老师的做法,多有深度的教育艺术啊!这个故事被老师默默地保存了多年,没有摆到任何人面前,即使自己,也不想知道到底是谁做错了,以免一不小心伤害了孩子的心灵,影响了同学之间、师生之间的良好关系。如何才能做到让学生"亲其师"?这个故事留给我无穷的回味,也让我反思了很多,知道自己好多事做得太过于莽撞,其根源在于自己精神、人格、情感、技巧等的肤浅。

成长永远在路上,愿我们一起去寻找属于自己的可能。不必告诉他人,不必制造声音,一切尽在静默之中,一切都在彼此的关怀尊重之中。"没有足够的深度,就没有美丽的水面",这是尼采的一句名言,我相信这句话。

第五辑 追逐理想体验幸福

本辑导读

岁月留痕，沧海桑田，然生命不老，只因生命里不停地遇见。青葱岁月，难忘那一次遇见，倾尽一生的幸运。期待着思想邂逅思想，心灵影响心灵，灵魂遇见灵魂。

面对一个个鲜活的生命，在这个喧嚣纷扰、信息爆炸的世界，是遵从自己的内心，还是随波逐流？不管这个世界如何纷扰，只要保持心灵的清澈，我们总能遇见更多有着同样丰盈心灵的人，遇见执著而又有信仰的人。

真正成为大家的，都是不计任何成本付出、完全出于热爱去专注做事的人。

人与人的遇见，会变为一种馨香、一种沟通、一种理解、一种耐心、一种信赖与祝福。当人之间感受到彼此语气中的赤诚、眼神中的憧憬和内心纯净的美丽时，他们会很容易被打动，被感染，被推动，从而走向更完善的教育人生。

叔本华说过，如果一本书刻画的内心生活越多，表现的外在生活越少，那么这本书的本质就越高贵。

亲爱的朋友，愿你和本书的遇见，能够带给你一些心灵的思考……

追求自己未来更动人的风景

2015年9月10日，是中国的第31个教师节。下午四点半，学校组织召开了教师节庆祝大会，散会时已经接近六点钟了。

按照我和爱人的生活习惯，总是要在这个时间，到校园里小学部教学楼后面的小操场上散步。刚走到操场入口，抬眼看见同事小高老师也在散步，旁边还跟着一位白发如银的老太太，我们认为是高老师的母亲。

于是我和爱人紧赶几步上前打招呼："这是？"

高老师马上说："这是咱们学校的老教师黑老师。"

我和爱人齐呼："黑老师好！"

黑老师一直和蔼地望着我们，脸上挂着平静的微笑。

我们边走边交谈。

我们知道了黑老师是北京市育英学校的老教师，已经80岁了。但是黑老师耳不聋眼不花，尤其是她的牙齿，洁白完美。这让我们羡慕不已。

我们都在向黑老师探讨如何才能保护好自己的牙齿，牙齿对于一个人的健康与寿命太重要了。此时，有一位老者也笑盈盈地走过来，他精神抖擞，同样是耳不聋眼不花，牙齿洁白完美。他的背笔直，走起路来很轻松。

黑老师笑着说："这是我老伴，他姓傅，今年83岁了，也是我们学校的老师。"

傅老师主动与我并肩前行，述说着他们的故事："我俩都是回族人，我们对育英学校很有感情。学校原先都是平房，房与房都用连廊连着，下雨天老师们都不用打伞。后来财政部把西边那一片地用了，学校的这些楼房是他们给建的。东边和北边的这些住宅小区，原先都在校园内，后来住户越来越复杂，为了安全，才修了院墙隔开。……学校国学馆前墙上的《弟子规》全文就是黑老师写的,我们夫妻俩幼年时的家规要求是:每天做完学校作业后,要练习书写毛笔字、打珠算。久而久之养成了习惯,一直坚持到现在。"

我说:"现在的孩子字练得少了,很多教师写的字也不好,教学练字的老师都不够用。现在的孩子啊,都迷恋网络和手机。"

我们不断地感叹中华优秀传统文化的缺失,毛笔字快被大家遗忘了。

黑老师在旁边安静地听着,微笑着望着我与她的老伴。

她说:"傅老师还喜欢剑法,他常把剑法中运用的气功介绍给我,书法和练剑是我们健身养性的主要方式,我们把书房命名为'正气书屋',也称'剑兰斋'。"

傅老师说:"我们在假期或双休日,义务辅导咱学校几个孩子的书法,每星期四下午,在咱学校的老教师活动中心志愿给老教师们上书法课。李老师,您先等等,我回家给您拿一本我俩的书法作品集,请您指教。"

我赶忙说:"太好了!我毛笔字写得不好,但是我也喜欢书法。"

接着我又补充说:"我也回家,把我最近出版的一本论著《博弈中的追求——一位中学校长的'零'作业抉择》送给您,请您二老有时间的话给予指正。"

过了半小时,我们又相聚在小操场上。

傅老师从一个白色塑料包里拿出一本绿色封面的集子,名称是《习墨拾遗》。接过作品集,我一页一页地翻着,那工整、苍劲的一幅幅作品,尤其是那些几百字上千字的小楷长卷,让我赞叹不已!

除了感叹书写功夫之外,我好像看到了两位老教师数年如一日坚持练习书法和剑法的情景。他们淡泊名利、弘扬正气的精神,可谓"剑锋显正气,慧墨藏书屋"。

我与傅老师交换了住址和联系方式。两位老教师八十高龄竟然还玩上了手机微信。

我说:"我们一定亲自去拜访两位老前辈,求你们两幅作品。我们微信联系吧。"

两位老教师携着手,平淡悠然地离开了操场。

我却陷入了沉思：不管这个世界如何纷扰，我们总能遇到执著有信仰的人。当岁月将一个人的阅历沉淀为淡薄，一个人的心在时间的打磨下变得玲珑剔透，岁月不再是让人变老的利器，而是拂去我们行走时身上尘土的清风。

回家，八点，我给傅老师发了一条微信：傅老师、黑老师，教师节快乐！

十点一刻，收到黑老师的回复：谢谢您的祝福。您的宝书写得很好！我们已经读完了第一章，我们俩交换着，一人读一人听。

我失眠了。

与黑老师和傅老师的相遇，让我想到了自己退休后的样子，我也应该如他们，生活得优雅、健康、丰盈。我曾经在很多不同的场合听说过这样的话题——"为六十岁做准备""为退休做规划"，这听起来好像是在为自己的人生设计未来，是一种自私的表现。但是我却认为，这倒是一种积极的生活之道，是确保生命时刻熠熠闪光必须做的事情。

在一次学习中，生涯规划的二次曲线概念对我很有启发，实际上就是进行生涯的再设计。二次曲线是专业持续发展的基础。人一辈子有第二次曲线，人生就能辉煌。

人生的不同阶段，只要把以前的平衡打破了，就应有新的设计。设计自己的人生规划，要锚住兴趣，有目标，那么就会有动力。

也许，黑老师与傅老师并没有意识到自己的人生二次职业规划，但是他们却自然而然地展现出了人生最美好的样子，这是让我羡慕着迷的样子。我想，如果到了自己生命后半截的时候，当如两位老前辈那样，善待自己，孜孜不倦地学习，坚持自己的兴趣，愿意去成就他人。

在微信群里我认识了昆明丑小鸭中学的创办者詹大年校长，他创办的学校很特殊，是面向初中阶段"问题学生"的民办学历教育学校。丑小鸭中学让自卑的孩子自信，让不幸的孩子幸运，让劣势的孩子有优势。詹校长坦诚地说："我从事教育35年。前30年我一直认为我是对的。接触'问题孩子'以后，我才发现教育离孩子的需求差距很远。教育，就是养心。先养自己，再养孩子。"

我是这样与詹校长对话的："我们的学生，其灵魂或精神是超越于我们的，未来的世界必定是属于他们的，我们有什么资格谈教育他们？我们所能做的，只能是自觉改善和尽快提升我们自己的心灵与智慧。我们不了解孩子，我们便无能力教育孩子。以前我也一直认为我是对的，但是现在我却不敢主动去见我以前的学生，以前我真的做错了很多事，虽然我的学生依然表达着对我的感恩。"

中国生命教育网发起了"一年一言"活动，活动指南如此描述：一句（段）话，真实记录自己一年得或失；心里话，自己看了都感动；一叶知秋，一言能窥视生命。

北师大曹专老师说："这一年，我用40天时间，带6岁的女儿走了30多个城市，这是我一年中最勇敢和最自豪的事，生命在于经历，教育在于陪伴，有什么比和自己爱的人在一起体验生活更重要、更开心呢？"

武汉王俊老师说："这一年，八十六岁的母亲病了好久好久，却坚强地对我说：老年病，我没事，你好好工作，现在的孩子难教啊！这一年，换到新的学校工作，虽然忙碌但充实快乐！这一年，每天坚持写教育随笔《萤火虫的故事》，与孩子们共同成长！这一年啊，幸福的年轮又长满一圈。"

品读作家林林的美文《人生最好的境界是丰富的安静》，我被里面的一句话所感染：你的心最好不是招摇的枝柯，而是静默的根系，深藏在地下，不为尘世的一切所蛊惑，只追求自身的简单和丰富。

最好的感觉，是有一个人什么事都愿和你讲，是遇到一个愿意倾听你的人，这个人，可以是他人，也可以是自己。

我的简单，我的丰富，我的生活，是一种真实的、安静的相遇，是一种悲天悯地的信任与关怀。也许，这就是我所向往和追求的人生幸福。

唤醒教师愿意成长的心

人生是一场漫长的修行，修炼的是自己的心灵。只有拥有健康纯净的内心，才能获得心理上的平衡。

每天上下班，总是一个人步行，沿着白云街。它是东西走向的，早晨会发现太阳升起时的朝阳，霞光四射；傍晚会看见落日的余晖，金黄一片。路两边，树林温婉，密云的空气，永远是畅快的，流着花香。在这短暂的十几分钟的行走中，我自觉地绕开清洁工人，不能打扰他们的劳动。一切都是静静的，但是我想，这个时间，这里出现的人，这里的情境，却往往能唤醒我沉淀与积累的美妙的内在。

欣喜于这个寒假，我称之为忘年之交的陶继新老师的一场《读书与生命成长》的讲座，激荡起不少教师的生命成长之心。有的老师对我说："你怎么不在暑假把陶老师请来给我们讲讲？我又荒废了一个学期。"有的老师回家后拿起了书开始阅读，其女儿开玩笑说："这是我妈妈吗？"有的老师说："一颗愿意成长的心，会让自己走得更远。"

当然，我不敢保证所有的老师都会走上读书之路，也不敢保证老师们一定能够坚持读下去。但是，我相信陶老师的一段话："读书可以提升自己的文化，文化不断升值后，整个人生也就发生了变化。读书的品位很重要，要选取思想和文化含量上乘的书来读，这样能以一当十，拉长生命。书籍，是一盏生命的灯。从本质意义上看，读这样的书，就等于聆听大师的生命点化与智慧开示，从而为生命积淀下一笔非凡的智慧。大师的精神与智慧，会渐渐地嵌入教师灵魂之中，并与其生命动场相连接，活跃于其大脑之中，彰显于课堂教学之间。这种智慧为教师平日的教学注入神奇的能量，从而令他的课在不经意间闪烁出智慧的光芒。"

这种场景是我期待的，我总以为，如果一名教师停止了读书，他的生命也就会随之戛然停止，当然我指的是其精神与灵魂的生命，不是指身体肉体的生命。他就不能进入教书育人的至高境界，即使自以为做到了，很可能是技艺的堆砌，而非心灵上的化育。

其实，读书就是一名教师修行心灵、净化内心的绝妙药方。一名教师富有艺术的教育品质与行为，一定是其长期苦苦求索实践与读书研究在心灵中得以碰撞的结果，这结果就是他的智慧。教育智慧是教师点燃他人的光芒之源，点化他人的能量之源。

听教务处王主任说："不少老师这次放假离开学校时都抱着书回家了。"听后，我内心不觉涌动着阵阵感动，这是我与老师心灵共鸣的情景啊。不禁让我想起了日本著名儿童小提琴教育家铃木镇一的发现：每一对父母教育孩子说话走路的那个阶段，孩子的进步最快。孩子学说话，说得再差、再迟，父母也会说"贵人语迟"，从不会抱怨，只会不断鼓励、赞赏，这是因为在父母的眼里孩子是最美的；孩子学走路，摔跤再多，父母从不会嘲笑他，只会坚持不懈地帮助他，这是因为父母总是在用那颗美丽的心去看孩子！父母总是用最欣赏、最得意的目光，关注着孩子从零开始的每一点进步。

为人父母者如此，为人师者如此，为校长者也应如此。的确，慢慢地期待，不要急功近利，而是让书籍为教师自己的生命打底，当他们有了生命功夫的时候，也就有了本，本立才能道生。我认为，唤醒教师再次读书的欲望，使教师形成读书的习惯，让书籍成了他们安身立命、工作与生活的工具，是校长给予老师的一种馨香、一种理解、一种耐心、一种信赖与祝福。当教师感受到你那颗纯净美丽的心时，他们会很容易被打动，并逐渐步入"成功—自励—自信"的良性循环。

当代教育家朱永新说："一所没有阅读的学校永远没有真正的教育。"苏联著名教育家苏霍姆林斯基也有句名言："集体的智力财富之源首先在于教师的个人阅读。"这就意味着一个道理：激励并支持教师走上阅读之路，会实现个体的发展引领一个群体走向更高层次的发展。当然，校长的以身示范至关重要，他的行动会在不知不觉中影响教师的思想观念，影响他们的言行。

如此，教师的心灵才会真正得以解放，才能真正享受到为人师的尊严，体会到教书育人的乐趣，才能成长为一名优秀教师，成为一名真正的教育家。

如果你希望教师的生命持续成长，心疼你的教师每天辛苦地工作，你就启动他们的精神与心灵的成长。所有关乎教师专业的培训都是暂时表面的东西，而读书，才是最美妙的、最长久的、最有效的方法。

这是我激励、唤醒、鼓舞自己学校教师的观念和举措，我也很愿意帮助、支持、引领其他地方的愿意读书、学习的教师的生命成长。我的个人微信是 zxhy。

若他人因我的出现而受到些许影响，生命因此有所改善，有了进一步成长的可能和勇气，会让我每天醒来都干劲满满，工作备感安心，一天结束时心满意足。我们虽然不在一个区域同行，但是我们因为有了生命与情感的连接，能够携手共赴自己心仪的教育事业。当回顾自己的职业生涯时，我可以问心无愧地说："我这一生活得值。"

学会整理自己的教育思想与人格

常听同事说，医生越老越值钱，老来能留下一份宝贵的经验，有的甚至可以代代相传。而我们干教师的就不行了，越干思想越落后，留下的却是残弱多病的身体，一无所有。是啊，这是多少代一线基础教育工作者曾发出的感慨啊！

自己从事教育工作很多年了，没少发出类似的叹息！日复一日，年复一年，单调乏味，真是抹杀了天性，更不必说对学生进行素质教育了。现在的教师，可以说每天起早贪黑，忙忙碌碌，为学生奉献出了自己全部的青春，为国家培养出了无数的栋梁之才，如同蜡烛一样，燃烧了自己，直至化为灰烬。

我曾被分配到一所学校任校长，我仔细观察了解了一下老师的生活情境和生存状态，的确验证了上述所言。老师大多在三十岁左右，每天工作勤恳敬业，加班加点，很是感人。但是，学校里的所有工作却像过去的工人做工一样，简单乏味，缺乏思想与创新。多数老师不读书学习，都存在职业倦怠感。才三十来岁啊，多么好的时光，就这样在缺少教育情怀的环境里慢慢消磨，钩心斗角，直到光滑无棱。

素质教育得以科学实施的条件是什么？是有学习能力的学者型教师，有创新能力的思想家型校长。我们的不少教师，字还不如学生写得好，自己的兴趣特长缺乏；我们的不少校长每天行走在交际的饭桌前，精力无法用到教学实践中，思想可以说还不如学生进步与开阔。想想，我们工作一生，为自己留下了多少"财产"？是的，教师是无法存下一笔可观的钱财的，但是，我们就不应该寻求一点有价值的东西？就像把钱存在银行里一样，时常往我们的头脑里存下点什么，并把它记录下来，留给我们的一代代学生，一批批教师，留给我们为之奋斗一生的教育事业。

新时代的教育呼唤教育家办学、教学，素质教育渴望教育一线诞生教育家、思想家。愿我们的一线教师树立信心，撩开"家"的神秘面纱，追觅思想，创新教育，把思想存起来，把人格存起来。

当然，这做起来的确有一定难度，人是都有惰性的，还有环境的问题。因此，我们的教育专家们、行政领导们和各级校长们，首先要有这种意识和胆略，加强这方面的研究和培训，引领广大教师走上这条道路。届时，我们的教育多么宁静，多么和谐，素质教育还会与应试教育长期博弈吗？我们的后代还会在中年时梦见考试的场面吗？

对于考试的争议，见仁见智，不一而足。考试本身没有错，毕竟是教育过程中的重要环节，问题出在我们的一些领导、一些学校只盯住考试分数，对于其他的方面概不考虑，导致我们的学生唯"考"是学，教师唯"考"是教。我们的教师为了让学生应对考试，为学生提供了五花八门的练习题、测验卷等，于是学生每天陷入各种各样的、题型怪异的题海中，辛苦了无数的孩子，也让我们的教师每天机械地重复着一个流程：选题—考试—阅卷—讲题。完成这些任务后便回家忙家务、看电视、休息，没有记录下工作的思想历程，没能给自己及时充电，没与古今中外的圣人智者或当今的名师专家对话。可惜自己的实践经验白白成为过眼云烟，可叹自己的知识思想在慢慢倒退，可怜自己的一生无珍贵之物可存，而自己却浑然不知。时光在匆忙地流淌，历史在不断地重演，一代又一代的师生又将继续我们的悲剧！

面对如此现状，我向老师们鼓呼：老师们啊，你们不仅要教书谋生，教学育人，更要存下思想、人格。这是新时代赋予我们的任务和职责，是我们现代教师生存的现实需要啊。

于是，我开始请专家名师，让他们与老师零距离对话；开始让老师们读名著、办论坛、写随笔，让他们交流思想，记录感受；开始让老师们建博客、撰稿、投稿，让他们充分享受网络学习和收到稿费样刊的喜悦；开始改革创新课堂模式，倡导老师们自主发展，让他们磨砺思想后具体实践……

一段时间的努力之后，老师们工作更加有劲、主动了，敢于大胆创新管理了，工作更轻松自信了，开始读书、写作了，不少老师真的陆续收到了稿费，老师的课堂更加活跃有效了……有的老师对我说："你的这些引领让我重新审视自己的人生，今后，我要做一个名师，有思想的老师，要整理我的思想，珍存下我的思想，以此完善我的人格，这才是真正意义上的老师。"

是啊！老师就该是这个样子，就应该在教育的光明大路上这样行走、生活。这样的老师，也一定是最幸福的老师。

向内的善好人生

我们都愿意去花园里转转，因为花园里不仅有多样的植物，更有多种盛开的美丽的花朵，徜徉其中会心旷神怡、惊喜不断。

有这样一个花园，里面还有一所学校，它是北京市育英学校密云分校。花园为植物创造了一个受保护的空间。而一所学校，也可以称作校园，里面的孩子们，其隐喻就是那些多种多样的植物、花朵，校园则为孩子们创造一个受保护的空间。

建造一个花园里的校园，给这里的每个人一种渲染和暗示：学生是祖国的花朵，教师是辛勤的园丁。然而，现在已经很少有人愿意再把教师比作园丁了，"园丁"一词似乎已经淡出教育的话语系统，各级"园丁奖"的评比也似乎风光不再。

在北京市育英学校密云分校的校园里，你每天都会看到一位六十几岁的老人，他身材魁梧，穿着朴素，脸上永远挂着幸福的微笑，大家都叫他刘师傅。每天他忙碌着为花园除草、松土，为花草施肥、打药。我们在欣赏这些美景美好的时候，没忘记这位老者的辛勤劳动，老师和孩子们都很尊重他。

但是，我们在感动于他大汗淋漓地努力付出的时候，却没有很好地领会他作为一名园丁的意义，忘记了把他的这种园丁精神很好地与自己的教师身份作比较。

我经常与这名园丁师傅聊天，他最不怕的是劳动，最担心的是自己的期待会落空：蔷薇没有顽强地爬上院墙，月季今年怎么开得不丰富，大片的草皮生病永远也好不了。

开学了，经历了一场新冠疫情的洗礼，学生们居家线上学习，一些不良习惯带进了校园里：公共场合大声喧哗、读书坐姿千奇百怪、学习材料忘记准备、走路勾肩搭背、奔跑打闹等。面对这些窘迫，不少老师绞尽脑汁，从早盯到晚，不厌其烦地提醒、规训。不知说了多少话，嗓子哑了；不知动过多少脑，头都大了；不知走过多少路，腿肿起来。

园丁与教师其实有很多的相似乃至共同之处。园丁始终把了解花木如何生长发育放在第一位；园丁与教师都要耐得住寂寞，不仅要有不辞辛苦甘为人梯的精神，还要有丰富的经验与技术；不仅要努力创设花木或学生自由生长的空间，让其充分展示天性，还要有目的、有预期地进行引导和干预；不仅要公平对待每个个体，还要着眼于个体。

要想做好一名园丁要有一种情怀：对园艺工作充满热爱，对自己侍弄的花木有一种发自内心的喜欢。园丁刘师傅就是这样的人，无论是电闪雷鸣，还是赤日当头，他都无怨无悔地早早到学校，干完自己的活才回家；他不分节假日，一如既往，侍弄花木一招一式从不含糊。另外，一名好园丁还需要建立在熟悉花木生长之道基础上的手艺。一切措施都基于对土壤、气候和环境，对花木脾性的深刻理解和把握，总能"适时""得法"，该管则管、能放则放，既不缺位也不越位。

我们应当大力提倡园丁精神，赋予园丁精神新的内涵，作为一名教师，要向园丁学习，并且要做与时俱进的园丁。只要心中确立了园丁这个自我形象就一定会明白：把孩子们当作幼苗认真呵护、培育就是一份不可推卸的责任。

我在思考：对于园丁刘师傅的工作，以及我们所有老师的工作，应该好好参透其中的园丁精神与园丁哲学。园丁要把自己负责的花园里的各种植物，侍弄得叶茂繁华、花开不断、苗壮生长；老师要把自己负责的一个个孩子，管理得井井有条、习惯良好、阳光大气、个性鲜明、自由成长。

我呼吁教师的园丁精神，不是应景，而是回归教育规律，回归教师的专业精神。刘师傅曾经告诉我，他最大的胜利与欢乐来自花园逃离自己的控制之后发生的事：被遗忘的石榴树开出了金红色的花，黄色的小菊花意外地出现在芍药花圃的边缘怒放，那些看似没希望的桃树、李树、红果树却挂满了累累的硕果⋯⋯

我也有同感，我在欣赏那些堂堂正正的、品色宜人的花草树木时，会有意无意地去寻找那些出其不意的景色。混乱是草地的特征，不同种类的花草可能会随着环境的变化而荣枯交替，没有哪一株植物能保证会成为最高、最美或最长生不衰的那一株。优秀的园丁致力于创造肥沃的土壤，以涵养整个的生态系统。一个好的花园会不断变化，因为它在适应不同的天气和季节环境。在这种多变、灵活、复杂、动态的系统中成长的植物将比最精心照料的温室花朵更加强健，适应性更强。

园丁并不总是快乐的，他甚至会经常经历心碎，每个园丁都体验过最有希望长好的幼苗意外枯萎的痛苦。老师何尝不是呢？我经常说，老师们每天都会面临、体验不知多少次失败的感觉，着急、焦虑、生气、纠结、不满、无奈等种种负面情绪充斥在老师们的心里。

我告诉老师们，我们不可能创造出一个自己向往的特定的学生，我们只能像园丁一样，提供一个充满爱且安全、稳定的保护空间，让充满无限可能的孩子们都可以磅礴发展。我们不要去塑造孩子的思想，而是让这些孩子去探索世界的所有可能；我们的工作不是告诉孩子该如何学习，而是给他们学习的工具，使学生建构起自己的好奇心和能力，从而能够自觉地学习。

学校的园丁刘师傅，走进了向内的善好人生，而这种人生，正是我憧憬的人生，它会让我欣喜不断，收获不断，幸福不断。

开垦一处学习的沃野，让人的心灵奔放

2016年7月，缘于北京市城乡一体化合作办学机制，我被北京市育英学校派往密云区原第七中学任校长，学校更名为北京市育英学校密云分校。该校2019年9月建校，地处密云区城区西北角城乡接合部。当时整个校园环境简陋，缺少文化底蕴，办学宗旨不清晰，没有形成可资传承的办学理念、规范的制度与有效的运行机制；学校生源复杂且质量较差，教师队伍不稳定，有较大的负面情绪，教学观念相对落后，教学手段保守机械，学习成长缺乏热情与活力。

面对如此现状，需要自己重新审视一系列教育问题，从而构建新的教育观，主动适应新的环境和新的教育对象，使自己变得更加谦逊，敬畏在教育中遇到的每一个生命。我所说的话，是否会使老师们感到惊喜，认为是真正符合教育规律、课程改革理念，适合其生命成长的全新理念？我所采取的改进措施，是不是在传承基础上立足本土、面向未来、立竿就见影的创新行动？创设的校园文化与生活环境、人际关系氛围，是否有别于当地的观念与情境？我认为这些都很重要，大家都在凝视和期待，我这个空降而来的校长是否有智慧和勇气给学校时空与所有人的生活带来与众不同的崭新生态？

于是，我有了如下思考：如果围绕"创建一个美丽的校园，去改善教师和学生的生活；看到心怀希望教学的老师，关注教师精神心灵层面的成长；发现值得崇拜的学生，为每一个孩子面向未来的成长赋能"这三点来办学，这所学校应该不会没有发展，应该不会没有生机。这种希望与设想，也是我多年做校长的一个伟大梦想，我想办一所"让学生不愿回家的学校"。

一、创设"全阅读"空间，营造"全学习"生态文化

你若想构建一个美丽的校园，你就应该努力营造真真切切为学生生活着想、服务的环境，满足学生多种学习方式的空间，时时处处有教育的意义、容易获得学习资源的课程化校园。

学校从重视阅读课程出发，制定了基于从"全学科阅读"到"全学科育人"理念的"全阅读"课程行动方案，为学生配备了全方位的阅读书籍。具体措施包括"专题阅读与方法渗透相结合、课上阅读与课外阅读相结合、自由阅读与联盟阅读相结合、学校阅读与家庭阅读相结合、任务阅读与活动阅读相结合"等。

除以上课程活动设计之外，学校还有更加宽泛的阅读空间课程设计理念。阅读学习不单是发生在教室里或图书馆中，而是可以发生在校园的任意角落，学校因此在开放空间和半开放空间内复合穿插阅读区域。

比如半开放式空间：学校门厅不单单展示校园文化理念，也可以是学生课下能够停留的阅读空间。两者功能重叠，学生们不仅清楚认知学校发展历程，也能够静下心来细细品味书籍带来的快乐。走廊或连廊不只是连接、行走的区域，更是阅读、交谈、玩、交朋友的地方。在设计图书阅读空间时，既要考虑走廊或连廊的通行功能及采光条件，又要展示学生特长风采，引导学生正确地阅读。靠墙走道，实现班级作品风采展示和阅读书刊相结合，从而培养学生阅读的习惯。

比如开放式阅读空间：走出教学楼，在室外开敞校园里设置了阅读书架，给孩子提供多样化主题阅读学习空间。用创新灵动方式来劝学，丰富学生学习思维，增强创造能力。让全校师生在室外园中、亭中、廊中、林中等地能"赏心乐阅随处书"。

以"全阅读"环境文化与课程建设为基础，学校进一步对整个校园文化、环境与课程进行了系统重构。教育现代化的目标是人的现代化，其终极目的是关注每一个人，成就每一个人，让每一个人都具备终身学习的习惯与能力。新课程改革理念要求学习方式与学习资源从单一、传统，走向多元、整合。这就需要为学习提供多种多样的学习方式与学习场景。

整个的学校文化环境要从课程出发来设计，让各种资源与学校文化融为一体，为多变的学习方式、灵活的学习时间、丰富的学习资源提供适合的、温馨的场景，所有的时空都释放出教育价值。

走进育英学校密云分校，你会看到原先冬青围绕的绿化地带被打开了，取而代之的是六艺庭院、桃李满园、曲水流觞、劝学蹊径等具有传统文化内涵且舒适的空间，既能休憩闲谈，又能学习展示。大厅里、连廊间、楼道里，都有大小不同的学习岛、学习区。课间，学生们会三三两两，走进这些空间，寻书、阅读、交流。各种学习方式就在这样的空间与氛围中纷纷出现，如实践学习、社团学习、影视学习、仪式学习、节日学习、服务学习等。

学校的课程体系，基于"中国学生发展核心素养"，依据学校育人目标，以空间融合为亮点，基于环境与人的联系，将学习空间与课程创新相结合，构建"全学科学习空间、人文社会学习空间、自然探究学习空间、趣味生活学习空间"的课程格局，促进学生德智体美劳全面发展。

二、优化变革进程，让教师心怀希望教学

如果你想看到心灵纯粹的教师心怀希望教学，你就应该解放他们的职业兴趣，尊重他们的话语权，为他们的实践与研究提供尽可能多的平台与资源，帮助他们实现自己的人生价值，最终塑造好自己的产品。

当决定进行教学改进行动时，是我来学校的第二学期。我有一个感觉：好像整个地区学校的教学管理模式都是极其相似的，大家活跃的思想、个性化的追求受一些条件的限制，如怎样备课、用什么资源、如何评价等必须在同一标准要求下，且好像有一股强有力的屏障，其他人员，比如新来校长、外地专家等的意见与观念很难渗透进去。

这就需要为老师们的生活寻找新的中心，让老师们不再过于依赖体制。为此，我悄悄地采取了三方面的措施：一是取消原先长期实行的管理办法以及依靠的工具，如取消原先的备课方式，不再使用全区统一的导学案，及时跟上新的教学设计理念与模型，研究出新的课堂教学评估标准；

二是主动与上级体制内业务部门解释学校行动的背景、内涵、做法、意义，争取赢得理解与支持；三是邀请与学校教学改进行动理念一致的名师专家走进学校，与老师们一起备课、上课、教研，让老师们认识到自己学校的这种做法没有错，感觉到自己的不足，从而产生改进的动力。

学校部分老师行动起来后，如果学校不创设互相肯定的基础，这些先行者会感觉孤独与紧张。这就需要营造氛围，鼓励一些志同道合者形成共同体，大家在一个共同体当中一起研究尝试变革，分享经验与教训，相互给予勇气，在互相聊天的氛围中推动改革的进程。比如，我首先倡导启动的共同体面向那些比较活跃的青年教师，他们大多工作十年左右，乐意承担教学改进任务。共同体命名为"青年教师成长协会"，他们自己设计了会标，一棵树上长着26片叶子，预示着由26人发起，一起学习、实践、对话，共同进行教学变革活动。一学期后，为了唤起年龄较大老师的行动积极性，吸引部分老教师加入改进团队，又形成了"教师领袖成长俱乐部"。伴随着越来越多刚毕业的新教师融入改进团队，我们组建了"未来教师成长联盟"。

多年来我发现了一种现象，致力于变革运动的人们在远方的朋友通常比本地的多。于是，由学校出面，缔结了本地的兄弟学校以及重庆、山东、河南、辽宁等外地的友好学校，把这些学校的热心改进者吸纳进自己学校的变革队伍，互相学习，共同研究，不断优化变革策略与资源。

当教学变革从个人行动变成共同体团队行动，实现持续改进的态势时，需要让这些先行者以个人或以团队的形式走向公众。一是可以有机会用自己的价值观和经验影响他者；二是可以直面挑战，接受他者的监督与检验。

比如，每学期我会带领老师深入兄弟学校，上示范课、与其老师进行同课异构、举办论坛和讲座；推介老师参加各级教学比赛，在一些培训会上作交流发言；组织区级以上的成果推介会，教师论文推荐发表，邀请媒体对教师的改革经验做提升宣传等。帮助老师找到自己成长的绿洲，在自身经历考验的基础上，加强自己对历程的反思，从而及时调整步伐，巩固和强化起初提出的目标与使命。

更重要的是，教师的成长会超越体制组织逻辑下的成长模式，重新构建一个新的生活中心。大家对学校的物质奖励或行政奖励变得不再过于关注。教师们认识到，任何人所提供的外在奖赏都比不上他们本真生活所获得的内在奖赏。在这种变革氛围中的教师生活，让教师的心灵变得纯粹而专注，都会把自己的行动与工作的意义相联系，成长变得更加自觉。

三、为每个学生的生命赋能，重建师生关系

如果你想发现值得崇拜的学生，你就应该多关注细节，为每一个学生的生命成长赋能。比如，每一个学生的意见与需求你重视了吗？每一个学生的情感与人格你意识到了吗？每一个学生的兴趣与潜质你尊重了吗？在北京市育英学校密云分校，如果你与老师交流，会不经意间听到老师们口中流出的做好关乎"爱"的冷暖之事的精妙语句。

"教育就是一次微笑。"刘老师遇到两名学生正在追逐打闹，他没有呵斥他们，只是冲他们微微一笑，学生立即停止了不良行为。这微笑的含义与力量对这两名学生是多么的有价值！

王老师有一次对我说过一句话："不忍心伤害任何一个人。"是啊，教育的方式有多种途径，管理的措施也有正面与反面，但是如果把握好一个原则，即不要轻易伤害一个人，教育的效果迟早会向好的方面转化，并得到被教育者的理解。

我们需要在心灵意义上与学生建立关系，才能真正收获到更多的情感，才能寻找到生命的成长机会。以上两位老师是在思考人性的教育，践行善意的人生。

学校积极推广总校课程改革经验成果，比如在初中语文学科实行"3+3模式"课程改革，简单地说，就是用规定课时的3节课完成基础课程的任务，用另外3节课开展阅读课程，这样教师就会基于单元主题，以学期或学年为单位对教材进行课程整合。最为关键的是，学生阅读兴趣的激发、阅读量的激增、视野的开阔与思维、表达等能力的提升，倒逼老师不得不加强自身的阅读，转变自己的教学方式，不断调整育人理念，以适应个性发展鲜明、提问不断的学生的需要。

2020年开始，一场新冠肺炎病毒疫情席卷了整个世界，一切习以为常的行动都不得不按下暂停键。而作为学校，也迎来了非常规的运行模式，教师不得不由在教室上课变成在家上课，学生也不得不在家学习，采取"线上＋线下"的混合式学习。根据学校的问卷调查，反映比较突出的问题是教师管理学生被弱化，隔着屏幕与学生互动，以前有效的教学管理方式显然不再奏效，尤其是关注学生个体、发挥其兴趣特长受到了限制。

作为校长，在此情况下又该何为呢？为学生提供学习的选择机会，让学生找到自己的兴趣、激情与目标，不仅可以选择学习目标、内容和方式，还可以选择进行何种评估，从而让学生有一种自主掌握学习的经历，实现深入地学习。于是，线上"人人为师"课程诞生了，而此举也正符合学校提出的"全学习"课程改革理念。大部分同学参与过程中表现出了极大的乐趣与热情，学生线上自主组织报名、参与面试、张贴海报、制作课件和主讲稿，最终以讲座形式展现。并且学生们还经常把我邀请进腾讯会议参加他们的活动。

初一五班何卓美说："这样的活动有观众和主讲人两种身份，通常我只是一个小小的观众，但这次活动，我选择了做主讲人。这是给自己的一个挑战，挑战之前没有做过的事情。虽然在准备PPT的时候遇到了各种各样的困难，比如在里面插音乐，我经历了三个小时的研究，计算机'废柴'的我终于成功地把每一段音乐插进了PPT。我比较内向，这次活动锻炼了自己的胆量。我很是享受同学们争着回答问题时的情景，更感受到了老师平时上课的不容易。"

这样的课程建构，师生关系发生了变化，变得平等起来，变得都有同理心了，尤其是学生的个性与兴趣有机会得以彰显出来。把学习、选择和评估等权利还给学生的同时，教师自然会转变自己的价值观和教育观。学生和教师不再是"一滴水"与"一桶水"的关系，而是心灵与心灵相互交融、思想与思想相互碰撞。

这就是"创建一个美丽的校园，看到心怀希望教学的老师，发现值得崇拜的学生，为每一个人的幸福生活、精神成长、精彩生命负责"的魔力。学校由薄弱变优质成为现实，走上了和谐、优质、内涵发展的快车道。

帮扶他人实现自我生命的价值飞跃

2014年北京市育英学校与密云区教委合作,采取联合办学的模式成立了育英学校密云分校,目的在于通过名校的资源辐射,带动原有学校具备高质量的教学水平和先进的管理模式,从而促进义务教育的整体优质均衡发展。我知道,这是一块硬骨头,我也清楚我的使命所在。

这是一所城乡接合部薄弱学校。如何实现普通薄弱学校的快速优质发展,补齐城乡教育发展的短板,推进城乡义务教育一体化办学,便摆上了我的思考与行动日程。

我通过"价值领导、单点突破、成长自觉、长远布局"这四大策略,迅速扭转了学校落后的面貌,学校步入由薄弱走向优质发展的轨道。

为造就一支有教育思想、有教育情怀、学养深厚、思维开阔、具有教育改革创新能力的高素质校长队伍,为密云区基础教育改革与发展提供人才支持和保障,探索一条新型的名校长成长之路,推动城乡教育均衡发展,北京市密云区教委于2018年3月成立了第二届名校长工作室,聘任我担任工作室的领衔人。

七所学校中有密云区最优质的城内学校、有城乡接合部薄弱学校、有城乡一体化集团化办学模式学校,还有山区农村学校。可以说,七所学校囊括了全区各种样态的初中校。我是这样运作的:

一是设计先行,系统运作。工作室成立后,需要依据目标对培养方式、培养机制、预期成果等做一个系统的、切实可行的设计,以此作为三年的行动路线图。我把"课题带动、任务驱动、专家促动、自我创动"作为此行动的运行机制。

二是诊断驱动,精准施策。依据工作室工作方案,工作室组织专家团队定期走进各成员校,深入调研,对各校发展进行专业诊断,挖掘实施对策。

在与各成员校的多次磨合研讨中，各学校找到并确定了符合自己学校传统文化、发展实际的课题。

如何引导城乡初中校各校长转变思维，寻找学校发展的突破点与生长点，为学校定制个性化发展方案，共同探讨和破解教育难题，谋求学校发展的新思路，从而探索出学校发展及校长个人成长的新模式，开启密云区校长团队合作学习、城乡初中校协同发展的新篇章，成了工作室的使命与担当。

三是把脉文化，价值引领。如何实现校长专业能力的转换？如何构建学校主流文化？怎样实现校长的价值引领？……这些都是名校长工作室一直思考的问题。不老屯中学的"省思"文化，河南寨中学的"新幸福教育"文化，新城子中学的"逐本教育"文化，居各庄中学的"唤醒教育"文化，密云三中的"精彩教育"文化，以及育英学校密云分校的"全学习"生态文化等建设，经过工作室研讨、修改后都正在稳步推进之中，有的已经初见成效。

四是培育成果，特色凸显。工作室专家入校诊断发现：文化理念、制度建设、课程与教学、师生成长等方面缺乏一致性的逻辑性梳理与建构，七所学校呈现出面貌基本一致、特色不突出、内涵欠深刻，无法提升凝练成具有独特性、新颖性和时效性的行动方案。

为此，工作室通过专家讲座、集中研讨、论坛展示，开展教育名著研读、管理案例研讨、个性化指导、国内外名校教育考察、课题研究等活动，对办学理念、管理实践进行理论提升，对个人的办学思想、管理风格和学校的办学特色进行系统的梳理和提炼，通过多种形式的展示与推广，形成学校变革的经验与方案。

2018年夏天，北京市育英学校密云分校响应密云区教委的号召，教育帮扶对接张家口市蔚县桃花镇初级中学。对口扶贫协议签订伊始，我就亲自撰写合作框架协议，决心把支援做到实处，走内涵扶贫的路线。

在签约仪式上，有一个十分巧合的碰撞点，即被帮扶方学校校名为"桃花镇初级中学"，而帮扶方学校北京市育英学校密云分校的校风为"静静挂在枝头的桃子",这一巧合也就诱发出了两所学校三年合作的思路、策略与模式。

一是传承的力量让学校精神放光芒。在学校大门左侧传达室房顶上,我看到一个高高的铁质三脚架,上面悬挂着一口直径大约50公分的老式钟,该校副校长吴宝富说:"这钟是我校30多年前上下课用的,我们把它放在这里,是希望学生从这里感受到时代前进的脚步。"我感叹桃花镇中学人的良苦用心,他们相信文化传承的力量。

还有一处景观吸引了我,学校西南角有一个水塔,我问赵校长:"这个水塔还用吗?"赵校长说:"用,这里水质挺好。"赵校长告诉我们:"你看上面那几个字——'水乃生命之源',这是一名即将退休的老教师亲自爬上脚手架写的。"

根据以上文化符号,我帮助学校提炼出其办学理念为"积步成蹊,思源致远"。这样,就可以得到该校全体干部教师的认同,树立自信心,帮扶所推行的策略与活动才容易落地。

二是专业引领让乡村教师成大器。我与该校校长达成一个共识,教育精准扶贫不能仅仅停留在为几个贫困学生捐资助物上,也不应仅仅停留在双方每学期一次或两次完成任务式的活动上,教育扶贫的本质应该是"扶人",即帮助人更新教育理念、获得新思想与新理论、学会更加科学有效的新操作,能够生成属于自己的新方案。即使扶贫工作结束了,合作仍然继续进行,因为双方已经结成永固的友谊,追求生命的成长变成了共同的愿望,三年形成的经验与方案能够在学校生根发芽,能够传承与发扬。

三是多元合作让教育未来展希望。双方学校的合作是多元化并且是协同的,从"课堂教学改革、教师专业发展、学生养成教育、学校领导力建设、校本课程开发、学校特色建设"等多方面进行合作互动、交流对话,真心帮扶。

另外,双方学校也会努力为学生互相学习、到对方学校体验生活创造条件。

三年来,两校通过多样方式、不同层面的交往、互动与学习,碰撞出了共同的目标愿景、课程内容、活动策略,更碰撞出了为了党的教育事业不怕困难、勇于创新的气魄与情怀，携手共进，真诚互助。

以上这些实践与探索，让我实现了成长的飞跃，也帮助到一些教师的生命成长。让我没有想到的是，一些区域的教育也受到了我的影响，有的竟然全区在践行我的理念，邀请我为全区的校长干部做讲座，深入学校进行调研指导，签订互相学习、帮扶的协议书。我享受到了成就他人的乐趣与幸福，自己的生命价值得以绽放，我终于找到了人生的使命：发挥自己的专业长板，遵循自己的兴趣，用自己的独特思考、原创方案，去帮助、影响、成就他人。我真切地感受到了生命的意义。

享受成果带给自己的幸福

让我们先阅读淄博市张桂玲老师为我 2018 年 10 月出版的论著《优秀教师的自我修炼——给青年教师的成长建议》写的书评（有改动），题目是《打开一本书，恋上成长》，该文章发表在《中国教育报》2018 年 12 月 3 日第 10 版上。

一直笃信，一本好书，必然是自带光芒的。

一次深入的阅读，必然是一次彼此的照亮。

阅读李志欣校长的新著《优秀教师的自我修炼——给青年教师的成长建议》（华东师范大学出版社），正是这样的一种体验。或许，因为成长本身就是一个让人迷恋的话题，永远都不会有固定答案，不会有重复的故事，但其中必是有迹可循，在重重叠叠的风景深处，总会有那么一束或者两束的光，照亮你我。

从一名普通教师成长为全国知名的特级教师，从一所农村薄弱学校步入首都名校，从在全国率先掀起"零"作业改革的浪潮到"全学习"理念的不断升级与实践，李志欣以自己的执着与智慧、勇气与锐气，不断向着更理想、更美好的远方一次次出发，也完成了一次次成长的蜕变——从优秀到卓越的抵达。一路上，他书写着不一样的教育传奇，也走出了一片独具魅力的教育风景。

本书正是李志欣校长对自身成长的一次梳理与回望。在书中，作者基于丰厚的教育智慧积淀与独到的洞见，围绕教师成长过程中必然会遇到的八个常见问题"如何缩短新手期""如何快速提高教学能力""如何保持融洽的师生关系""如何与学生家长合作""如何突破成长瓶颈""如何提高教科研能力""如何处理好同事关系""如何走上名师之路"，给青年教师提出了40条实用建议。其中，既有翔实的做法，更有深入事物本质的"心法"，对于每个刚刚踏上工作岗位的年轻教师来说，堪称"指导手册"。

在第一章"如何缩短新手期"中，作者向读者端出了一盘如何进行"课例研究"的"独家菜谱"，包括课堂实录研究、微课题研究、案例研究、主题研究、行动反思。细心的读者会从中发现，在研究课堂实录和案例的过程中，作者更多地将目光聚焦于隐于背后的逻辑与理念，而不只是表象与做法。

如何做主题研究？作者说："对学习目标的研究，从双基目标到三维目标再到基于核心素养的目标，我搜集了各种资料，进行了长期的研究，不仅对这三个历史时期的目标要求有了清晰的辨别与理解，还生成了自己的观点。"可以看出，作者更善于用链接的思想方法，既探幽洞微，深入现象内部，又纵横互联，观其内在联系，在经历一个阶段反反复复的"如切如磋，如琢如磨"之后，方举一反三、化为己用，而不是简单复制、盲目跟随。

关于缩短新手期，作者特别指出反思的重要性："不少老师认为，上完课后课程教学就已经结束了。其实不然，教师的专业水平分界线，往往就在这个'行动反思'上，就在这最后一公里上。"特别有说服力的是，作者一直坚持撰写课后反思，并成为一种日常生活方式。那么，勤于反思并付诸笔端的价值在哪里？力量有多大？李志欣认为，这种做法是助推自我成长、改进教育教学策略的有力工具。也正因此，他学会了用自己的声音对各种教学策略的情境做出解释。"这种解释可以使我更清醒地看到自己的教学决策过程，发现适合自己行动的最佳方案。"可见，善于学习、勤于反思、精于洞察、乐于研究、敏于行动，正是优秀教师自我修炼的必由之路。

作为一位有思想的行者，作者不仅讲述故事和案例，更提出充满哲思的锦言妙语。李志欣提出，教师要学会"按自己的节奏走"，需要两条腿走路。一是解放自己的职业兴趣，二是关注学生，并可相互协调、步调一致。他还认为，一名好教师应该同时具备"五面镜子"的功能：望远镜——看将来，看发展；放大镜——放大学生优点和闪光点；显微镜——

善于发现问题与不足；多棱镜——从不同侧面对人对事进行分析；平面镜——客观、公正地处理问题。类似的独到见解，在书中俯拾皆是，令人耳目一新、脑洞大开。

生命如同一根火柴，只有磨砺才会跳跃出灿烂的火花。自我修炼的道路从来不是一马平川、一蹴而就，而是必然要经历自我重建的艰难、不断蜕变的痛苦，方能换来破茧成蝶、涅槃重生的喜悦。本书所呈现给读者的40条建议，背后凝聚了作者数十年筚路蓝缕、上下求索的心血与智慧，不只是适用于渴望成长的青年教师，对骨干教师、中小学校长也同样具有指导和启发意义。

人的成长就是一场场相遇。在不同的生命阶段，所遇到的人、事、物，就是一个人成长的全部秘密。生命所有的密码，都隐含于这些相遇之中。某种相遇，注定会带来诸多的可能。米兰·昆德拉说：生命是一棵长满可能的树。作者则告诉我们：成长，就是去寻找自己的可能。而笔者想说的是，在寻觅中遇见，当有一束光照进心灵的瞬间，即使在别人的地图中，你也会找到自己的可能以及方向。打开一本书，也许会恋上成长。

这本书出版以后，让我没有想到的是，竟然一跃成了一本教育畅销书，并入选中国教育新闻网2018年度"影响教师的100本书"，全国各地很多学校和名师工作室把它纳为年轻教师必读书目，不少学校采取打卡、共读、伴读等多种方式阅读。截至2021年12月，该书已重印十次。

源于此书的出版，我还收到不少慕名来访的外地校长和老师的微信或电话，他们愿意与我相识，共同成长，还邀我前往去作讲座，参加读书论坛与老师见面，甚至自发组建微信群，请我做他们读书会的指导专家。疫情期间，有的学校启动读书会，请我录一段视频，给老师们说一段鼓励的话。有的老师经常把自己写的文章发给我，让我修改。其实，这增加了我的工作量，变得愈发繁忙起来，但是我却觉得这是一件异常幸福的事情，因此乐此不疲。因为自己的参与，而改变了一些人的生命状态，点燃了他们信仰成长的内心，这让我从内到外感觉到了神圣，也萌生了莫名的使命感。

我的信心被激发了，潜能得到了前所未有的释放，生命呈现出无尽的激情，我决心为自己定下如下目标：每年阅读 20 本书籍，撰写 50 篇文章，每两年出版一本论著。这不，2020 年 10 月，我又出版了一本论著《教育微创新：发现细节的力量》，很幸运的是，它又被中国教育新闻网评为 2020 年度"影响教师的 100 本书"。你现在正在阅读的这本书，是我计划中的第三本书，今后我还会撰写出版更多的新书，希望大家多鼓励我。

读书是我的生活，写书是我的使命。不知什么时候养成了这种习惯，一旦一日不读书，便觉得心发慌；一旦一天没有思考，就觉得活得不够充实。一次在商务印书馆参加一个读书论坛，主持人让我针对阅读谈点感受，我说了一句话，把大家逗笑了："初恋般地选书，热恋般地读书，过日子般地写书。"

美国哈佛大学行为经济学教授纳什曾经做过一个实验：在印度克延比都蔬菜市场，生活着一群很穷的小商贩。每天清晨，他们会向富人借 1000 卢比，然后去进货，卖完可收回 1100 卢比，而晚上，他们要还给富人 1050 卢布。

也就是说，他们一天的收入是 50 卢比。后来纳什告诉小贩们说：只要不把这 50 卢比全花掉，每天省下 5 卢比用于第二天进货，由于复利效应，只需要 50 天，就不用再去借这 1000 卢比的本钱了。从此，他们的收入就会节节攀升，这样美好的结果，几乎是触手可及。

但是，没有一个小商贩这样做。

纳什教授说："那些长期处于稀缺状态的穷人，培养出了短缺头脑模式，其判断力和认知能力会因过于关注眼前问题而大大降低，而没有多余带宽来考虑投资和长远发展事宜。"

这就是为什么这群小贩宁可每天去借钱度日，也不肯从本钱中拿出一部分做长期投资。因为和眼前的温饱相比，他们根本没有兴趣花时间去思考未来的长线回报。因为从不考虑更优方案来解决问题，所以又陷入了靠借钱度日的烂泥潭死循环中。或者说，这些小贩根本就看不到追求回报的真相。

老师们，现在的读书学习是为了以后人生格局的扩大，为了生命质量的持续提升，只有趁年轻时存下思想与境界，哪怕每天存下"5卢比"，才会获得岁月增长后的幸福感。

学习其实并不苦，苦的是早已被生活消磨掉了好奇心和敢于对未来抱有期望的勇气。如果你认为现在的读书与学习是在吃苦，那就大错而特错了，读书与学习是过一种高品质的生活，只有深度思维的生活才是智慧的生活，才能登上幸福的山峰，去领略"一览众山小"的感觉。

大家都明白"温水煮青蛙"的道理，我想大家都不愿意被开水煮死，那就抓紧跳出来吧，去避开当下的舒适区，享受延迟的成就感。

如果你习惯了，读书学习也就自然而然地变成了你生活的一部分，当它们与你一体时，其中的神秘力量会不断爆发出来，让你每天都产生奇妙的升腾觉悟，从而进入一个精神升值的世界，你的路会更加顺利、宽阔、深远！

早一些走上自主学习与自觉成长之路吧！力求认知事物的本质，打破既定的边界，不再在乎眼前结果的输赢，去虔诚地经营自己的事业，服务他人，成就自己，收获幸福美好的教育人生。

后记 从容地品尝生命自主成长的味道

每天晚上下班回家,一有时间便打开电脑,倾心于书稿的写作打磨。经过反复推敲修改,看着让自己逐渐满意的文字,轻松幸福之感顿时充溢了全身。

享受幸福之余,意外地收到黑龙江省五常市第一中学的齐崇老师发来的一篇文章,她叙述了自己生命成长的三个阶段,大体是这样的:

(1)工作的最初几年,只有课本和参考书为伴,每天完成上课任务,学生成绩不错,也没出啥事,教育教学一直处于低空飞行状态,而自己却浑然不觉,依旧吃着本就不厚实的老本,以为自己是个好老师。

(2)工作十年后,突然感到千篇一律的日子无比乏味,心灵的宫阙没有一点回响,麻木的头脑如同板结龟裂的大地,渴望得到一场大雨的浇灌,而天却一直炎热无比。彷徨无助的自己想过逃离。

(3)到了工作的第二十几年,突然步入了成长的快车道。假期,一个人勇敢地跨越万水千山,自费参加培训学习,感觉到思维发生了剧烈震动,意识到自己就像温水中的那只青蛙,自由自在的背后正潜藏着"丧生"的危险,必须挣扎着走出舒适区,走向奋斗之路。工作之余,开始挤时间读书、反思、写作,看见了学生内部世界发生的变化与行为背后的道理,终于可以笑着仰起头,享受努力创造的乐趣。

这是一名自我觉悟、自我驱动的老师,我由衷地为这样的老师点赞。

但是，身边还有更多这样的人：我经常听到他们说"该觉醒了，该开始读书学习了，该走上研究的道路了，该提升自己的专业了，该提炼自己的教学主张了，该好好地规划自己的职业生涯了"，大多说说而已，激情一阵子也就再次陷入过去的循环往复中。他们讨厌波动，依恋惯性，享受舒适。

记得自己年轻的时候，也总是这样，紧紧跟随着周遭的人群，急着向前走，急着想知道一切，急着要得到我想得到的东西。但现在，人到五十，却逐渐滋生了一种不同的价值观，原来认为很重要的事情竟然觉得不再那么重要了，而一直被自己有意忽略了的种种信息、事物、时光、友人，却开始不断前来召唤我，成为我生命里的温暖和光亮。

每天清晨，当我睁开双眼时，我都会隐隐地感觉到，应该有一个比较好的选择，应该有一条比较好的道路，应该有一种比较好的气氛，沐浴其中，让自己身心愉悦。

于是，我的选择坐标开始逐渐地清晰显现，白天上班做好自己的分内工作，晚上做好自己的"秘密研究——读书与写作"；我的道路越来越宽广平坦，成就自己，影响他人，携手使命自由前行；融入更多的志同道合的价值交流圈，获知他人的见解与思想，检验自己的观点和逻辑，营设相互激荡的读书与思考场域。

我向往生命里能够遇到更多这样的人：拥有足够的知识和自信直击事物本质，没有虚头巴脑的狂言妄语，没有假心假意的手舞足蹈，有的是忘情地分享，真实地批评，诚恳地建议。

值得庆幸的是，我真的遇到了：华东师范大学出版社编辑卢风保；新华社高级编辑鹿永建；山东教育社编审、原总编辑，中国孔子基金会传统文化分会副会长陶继新；中国人民大学教育学院教授、院长，中国地方教育史志研究会副会长刘复兴；《人民教育》杂志副编审任国平；特级教师、正高级教师、北京市育英学校校长于会祥；特级教师、正高级教师崔成林。还有那些我所学习参考的论著以及文章的作者、译者，那些我结识的书中的每一个高贵的生命，那些给我提出修改建议、提供细心服务的同仁……是你们，让我的思维如汩汩泉水，成就如累累硕果。在此，向你们致以衷心感谢、真挚祝福！

《反脆弱：从不确定性中获益》一书中有这样一段话："验证你是否活着的最好方式，就是查验你是否喜欢变化。请记住，如果不觉得饥饿，山珍野味也会味同嚼蜡；如果没有辛勤付出，得到的结果将毫无意义；没有经历过伤痛，便不懂得欢乐；没有经历过磨难，信念就不会坚固；被剥夺了个人风险，合乎道德的生活自然也没有意义。"

反思自己的教育人生，做一名自驱型教师，需要逐渐调整自己看待世界的方式：唤醒自己的内心，激励自己的信念，力求认知生命以及事物的本质，打破成长的既定边界，拥抱这个世界的不确定性，不在乎眼前结果的输赢，去虔诚地经营那项崇高的事业——立德树人，收获幸福美好的人生。

最后，感谢各位读者阅读此书！是你们，冥冥之中传递给我无穷无尽成长的力量，使我的生命之河从不枯竭，自由地流淌，向着那深邃隽永的大海不断地奔涌，直至融入其宽广的胸怀。

李志欣

2022 年 1 月 24 日下午于北京